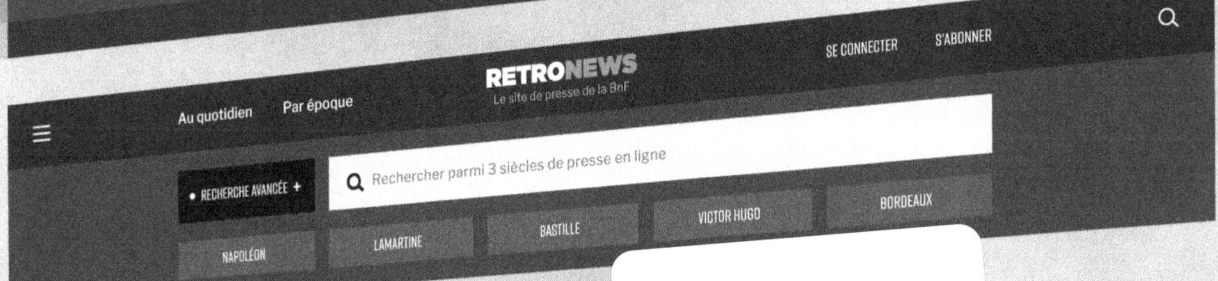

Découvrez l'histoire
par les archives
de presse

RETRONEWS
Le site de presse de la BnF
SE CONNECTER
S'ABONNER
Au quotidien
Par époque
RECHERCHE AVANCÉE +
Rechercher parmi 3 siècles de presse en ligne
NAPOLÉON
LAMARTINE
BASTILLE
VICTOR HUGO
BORDEAUX

RETRONEWS
Le site de presse de la BnF
www.retronews.fr

La Femme Nouvelle.

TRIBUNE
DES FEMMES.

Notre bannière étant à la peine, il est juste
qu'elle soit à l'honneur.
JEANNE-D'ARC.

Egalité entre tous de droits et de devoirs.

Tome Second. — 1re Livraison. p. 1 — 20.

PARIS,

AU BUREAU DE LA TRIBUNE DES FEMMES,
RUE DES JUIFS, N° 21.

ET CHEZ JOHANNEAU, LIBRAIRE, RUE DU COQ-SAINT-HONORÉ.

Octobre, 1833. — Deuxième année.

TRIBUNE

DES FEMMES.

La Femme Nouvelle.

TRIBUNE

DES FEMMES.

Notre bannière étant à la peine, il est juste
qu'elle soit à l'honneur.
JEANNE-D'ARC.

Égalité entre tous de droits et de devoirs.

Tome Second.

PARIS,

JOHANNEAU, LIBRAIRE, RUE DU COQ-SAINT-HONORÉ.

1833.

IMPRIMERIE DE PETIT,
Rue du Caire, n. 5.

TRIBUNE

DES FEMMES.

En commençant ce deuxième volume de la *Tribune des Femmes*, que la première pensée de mon cœur soit toute à la reconnaissance, que l'expression de ma gratitude semble douce et bonne à tous *ceux et celles* dont l'estime et l'affection m'ont donné force et courage pour continuer cette œuvre difficile d'*émancipation*. Et combien n'en avais-je pas besoin pour continuer à marcher dans cette voie ; moi, pauvre enfant du peuple, qui ne dois qu'à mon cœur *seul*, à la triste faculté qui est en moi, de souffrir et de sentir peut-être plus vivement qu'un autre, le développement de mon intelligence. Privée encore des moyens matériels de réclamer d'une manière éclatante et digne, l'égalité sainte qui doit s'établir entre les sexes lorsque l'on cessera de substituer la *force* au *droit*, j'ai dû, sentant combien ce champ était vaste et cette pensée féconde pour le bonheur de la grande famille humaine, *oui, j'ai dû*, malgré toutes ces entraves, continuer a tracer lentement et péniblement ce léger sillon d'avenir, persuadée d'ailleurs d'être un jour comprise, et que quelques voix plus puissantes, plus retentissantes, viendraient se joindre à la mienne et imprimer à cette œuvre un mouvement plus rapide, qu'il ne fallait pour cela que savoir attendre; car, à voir la fermentation des esprits, on peut, certes, sans être taxée de folle présomption, prévoir que dans ce siècle un grand progrès doit s'accomplir en notre faveur: mais pour déterminer ce mouvement, on doit aussi prévoir que notre intervention est nécessaire, et qu'il ne peut marcher que d'après une idée précongue, et une action quelconque agissant sur cette société.

C'est donc vers les femmes, que DIEU a fait *puissance du siècle*, que je tourne sans cesse mes regards, désirant trouver dans chacune d'elle un auxiliaire dévoué à la sainte cause d'émancipation à laquelle moi-même j'ai consacré ma vie.

Puissance de beauté, puissance d'intelligence, puissance de richesse, femmes supérieures dans tous les genres, *Dieu* ne vous a octroyé tous ces dons que pour que vous les lui rendiez avec usure, en les employant à la moralisation et au bonheur de tous.

C'est à vous que j'adresse cet appel.

Ne sentez-vous pas que depuis trois siècles les révolutions qui se sont succédées et accomplies en religion, en morale, en politique, ne nous ont entourées que de décombres; et voyez: *Luther* d'abord, les *Encyclopédistes* ensuite, ont-ils fait entendre autre chose qu'une négation constante de la religion chrétienne, l'époque dissolue de la régence et de Louis XV n'est-elle pas une protestation violente contre la morale trop absolue du christianisme, protestation continuée et descendue maintenant jusque dans les derniers rangs de la société. En politique, les deux grandes révolutions qui se sont accomplies de nos jours, ne sont-elles pas une réaction énergique contre les mauvais systèmes qui régissaient le passé, n'est-ce pas cette suite d'idées que LE PÈRE exprimait si poétiquement lorsqu'il disait, en s'adressant *à tous*, dans le dernier numéro du Globe : « Vous n'avez plus » d'autels, les *trônes* sont ébranlés, les *familles* se déchirent! DIEU, » les *rois* et l'*amour*, ne sont plus. Une *religion* nouvelle, une *politique* » nouvelle, une *morale* nouvelle, voilà ce que je vous apporte; et moi » seul je pouvais vous les donner, parce que vous m'avez aimé et » parce que je vous aime. »

Je sens aussi combien pour nous cette époque sera grande entre toutes, et que *par les femmes* la vie doit recommencer à circuler avec plus d'énergie dans le grand corps social, les esprits les plus avancés aperçoivent partout un désir, un germe de réédification universelle.

Pour chacune de nous dans cette rénovation, n'y aura-t-il pas une tâche à remplir? que chacune suive donc sa voie: *la raison finira toujours par avoir raison.* Ce travail lent, presque insensible de la pensée humaine, pour détruire le passé, et, fermentant sans cesse pour élaborer l'avenir, amènera, n'en doutons pas, pour résultats, la *vérité* et du bonheur pour *tous.*

Marchez! l'humanité ne vit pas d'une idée!

Femmes dont l'intelligence est assez vaste pour embrasser la pensée générale, c'est sur ce terrain que je vous supplie de vous placer? A vous la gloire de faire cesser cette époque *d'anarchie* et de *doute*, vous dont l'âme expansive et tendre a besoin pour vivre de *croyance* et *de foi*, à vous de faire croire de nouveau, par vos touchantes manifestations, à Dieu, à l'*amour*, au *bonheur*. Osez donc vous sentir libres et comprendre dans votre mission le rôle si beau de préparer la *femme* à être désormais la digne compagne de l'homme, et non plus son esclave ou sa pupille. A vous de dire, de répéter sans cesse, qu'à chaque renaissance, l'*humanité* s'est toujours retrouvée plus haut placée sur l'*échelle morale*, et d'affirmer qu'à notre époque elle ne veut plus reconnaître de *parias* dans son sein.

Chaque halte pour Dieu, n'est qu'un point de départ!

SUZANNE.

SOCIÉTÉ DES MÉTHODES D'ENSEIGNEMENT.

On a dans ces 2e et 3e conférences, appelé de nouveau les lumières de la discussion sur les moyens de favoriser et d'utiliser le grand mouvement intellectuel qui se manifeste chez les femmes. Assurément, sous le rapport de la précision dans les vœux émis, les discours qui ont été lus dans la première de ces conférences laissent quelque chose à désirer, mais une observation que l'assemblée a dû faire comme moi, c'est que tous les besoins des diverses intelligences, toutes les souffrances qui résultent du peu de satisfaction qui leur est accordé, s'y sont tour à tour manifestés, mais d'une manière trop faible et trop timide encore pour commander au monde le silence et obtenir un résultat satisfaisant.

On a écouté avec un véritable intérêt la fille du peuple, réclamant au moins pour son instruction les mêmes avantages que notre société donne au fils du peuple, avantages sans doute insuffisans, mais bien supérieurs encore à ceux dont on a imaginé de doter notre sexe.

Une femme qui, par son génie, semble appelée à des destinées supérieures, a fait entendre des réclamations passionnées pour obtenir que la sphère étroite qui enserre l'intelligence des femmes, et comprime leur vie entière, fût brisée ou au moins assez élargie pour que toute nature pût trouver sa place.

Nous avons ensuite entendu une femme qui, satisfaite de la vie de famille, croyant tout le bonheur de l'existence renfermé dans les détails mesquins de cette vie intérieure, ne demandait pour son sexe qu'une légère amélioration de ce qui *est*, et, appuyée sans doute sur une *foi robuste*, digne de rappeler les traditions *excellentes et morales* des siècles obscurs où l'on nous refusait une âme, n'a pas craint d'émettre cette pensée inouïe dans notre siècle de lumières, « que la » femme, pour remplir les conditions de son existence, doit en tout

» se conformer aux desirs de son mari, et n'avoir point d'autres opi-
» nions que les siennes...... » Grâce à Dieu, ce langage est devenu
rare: à notre époque la femme commence maintenant à ne plus renier
son *individualité*, elle commence à se sentir une *unité* dans le *grand
tout*; maintenant elle veut *s'unir* à l'homme qu'elle préfère, mais
non plus se *confondre* en *lui*; elle ne veut plus se retrancher derrière
un *nom* qui n'est pas sien, et qui forme par cela même un des plus
forts anneaux de sa chaîne, puisqu'il rend un autre solidaire de ses
actes; mais elle veut répondre par elle-même de sa moralité, de sa
valeur réelle; enfin, créature intelligente et perfectible comme
l'homme, elle veut maintenant avoir comme lui au grand banquet
de la vie, un *nom* et une *place* qui lui soit propre, et dont elle dispose
à son gré.

Il est une parole que nous avons remarquée : c'est celle de
Mme *Clémence Robert*, qui relève notre sexe de l'humiliante opinion qui domine encore la plupart des jugemens du monde, jugemens
qui nous déclarent incapables de former d'autres relations avec les
hommes que des relations d'amour. Cette idée, à laquelle j'attache une
grande valeur morale, je me félicite de la partager avec Mme *Clémence Robert*, et j'envisage aussi comme un progrès de notre siècle,
comme un présage d'élévation pour nous, ces nombreuses affections,
ces amitiés qui unissent des femmes et des hommes par des rapports,
exempts de jalousie et de rivalité que l'on pourrait nommer de l'*amour
moins les sens*, tant ces relations semblent douces et bonnes à l'âme.

La rapidité de l'expression insaisissable dans une seule lecture,
m'empêche de noter un grand nombre de pensées délicates et progressives, lueurs brillantes, mais trop rares, qui permettaient de
temps à autre d'entrevoir l'avenir.

Une autre dame, dans un discours très-bien écrit, très-gracieux
sous le rapport de la forme, et très-énergique pour le fond des
pensées, a tranché ainsi la question : s'adressant aux hommes, elle
leur a dit : *laissez faire*, n'entravez pas la marche de la femme, par
le mauvais vouloir de votre esprit tant soit peu despotique, et la
difficulté se résoudra d'elle même par les *faits*, malgré les mille
liens dont vous l'avez garottée : voyez, la voilà comme vous arrivée
au but, puisqu'elle vous force à constater son progrès et à trouver
place pour ce nouvel élément intellectuel; mais vous, *Messieurs*,

toujours possesseurs, un beau jour vos yeux s'ouvrent, vous découvrez cette nouvelle mine à exploiter, aussitôt de vous consulter sur les moyens de la faire valoir, de *l'utiliser*, de la mettre à *profit* enfin...

J'avoue que ce n'est point tout à fait là l'expression, la forme du discours intitulé *laissez faire*, mais la sympathie que j'ai ressentie pour la noble indépendance de l'auteur, m'a fait assurément comprendre et saisir avec vérité le sens de sa pensée.

Les membres de la société, auxquels nous nous plaisons à reconnaître beaucoup de bienveillance pour notre cause, sentant que ces diverses manifestations ne devaient point rester concentrées entre les seuls individus présens, ont pris la résolution, séance tenante, de livrer à la publicité les discours et les résultats de ces conférences.

Une des rédactrices de notre tribune, nous ayant remis son discours, ainsi que Mlle Picnot (jeune personne professant les langues et l'histoire), nous nous empressons de les faire suivre immédiatement.

Nous accueillerons également, et nous publions dans cette *Tribune*, tout écrit de femme qui réclamera les droits de notre sexe, ainsi que ceux qui l'éclaireront sur ses devoirs.

SUZANNE.

Du moyen d'utiliser le développement intellectuel qui se manifeste chez
les femmes.

Attirée à votre séance du 27 août par l'intérêt que m'inspirait
la question qui devait s'y traiter, et ayant invité toutes les personnes qui feraient quelques réflexions à venir les communiquer ici,
c'est ce qui me décide à prendre aujourd'hui la parole afin de
vous dire les miennes.

Permettez-moi d'abord de vous dire quelques mots sur une question qui s'est élevée dans la discussion et à laquelle on s'est peu ar-
rêté, parce qu'il n'y avait dans l'assemblée que peu de personnes
qui eussent pu parler par expérience. C'est lorsque l'une de ces
Dames, parlant des souffrances que les femmes ont à endurer lorsqu'elles veulent donner l'essor à leur intelligence, a ajouté : *mais
si cette femme est pauvre*. Parmi vous, Messieurs, plusieurs ont dit
que les chances étaient égales pour l'homme et la femme, permettez-moi de vous dire que non ; je puis parler, car tout ce que je
vous dirai, je l'ai appris par expérience et non d'après les ouï-dire.
Existe-t-il des établissemens publics pour l'éducation des filles ?
Pour les hommes il est des colléges où quelques jeunes hommes
privés de fortune sont élevés aux frais de la société ; mais en ren-
trant dans le cercle que je me suis tracée, visitons les écoles gra-
tuites, formées pour le peuple ; dans celles des filles qu'apprend-
on ? lire, écrire, peut-être s'étendra-t-on jusqu'à les faire compter ;
mais *leur langue, qui jamais songea à l'apprendre aux filles pauvres ?*
Dans celles des garçons, vous trouverez dessin, géométrie ; ils sont
donc déjà mieux partagés sous le rapport de l'instruction : ensuite pour
une école de filles combien de garçons ! Mais ne l'avez-vous pas entendu, lorsque le ministre de l'instruction publique présenta le projet de loi pour l'instruction primaire : après avoir énuméré tous
les moyens de former des écoles de garçons dans toutes les com-

mmes de France, n'a-t-il pas ajouté que dans celles où *il y aurait lieu*, on pourrait en former de filles ; voilà ces chances égales pour l'enfance. Mais ils grandissent tous deux, ils entrent dans le monde: de tous côtés, pour l'homme, s'ouvrent des cours: il n'est pas une de ces soirées qu'il ne puisse employer utilement: mais la femme, elle est privée d'appui, sans secours, au milieu de ce monde toujours si sévère pour elle: et pourtant, parmi les femmes, il en est qui sont dévorées par le besoin d'apprendre : c'est pour celles-là que la vie est pleine de douleurs, car sentir en soi la force de penser et se voir étouffée parce qu'on est femme, être obligée de torturer sa pensée pour la passer à la filière des gens qui nous entourent !... A peine permet-on aux femmes de dire toute leur pensée; sentent-elles battre leur cœur puissamment aux récits d'une grande action, sentent-elles le désir d'en accomplir, oh ! vite qu'elles étouffent ces pensées! une femme ne doit pas sortir du cercle étroit tracé autour d'elle ; et si elle le fait, que de douleurs elle a à endurer ; combien ne lui faut-il pas de force pour lutter contre les préjugés, sous le poids desquels on essaie de l'étouffer.

Ah ! Messieurs, il serait presque impossible de vous révéler toute cette vie intime de douleurs ; elle se sent, mais peut à peine se décrire, et d'ailleurs ce n'est qu'une faible partie des douleurs des femmes, que celle qui se rattache à la question que vous traitez: je ne veux pas soulever le voile qui couvre toutes ces douleurs, je n'en aurai pas la force, mais le temps marche, et bientôt l'heure sonnera où toutes ces douleurs seront dévoilées, afin qu'on puisse y porter remède. En attendant, aidez de toutes vos forces ce développement intellectuel qui se manifeste chez les femmes, ne craignez point qu'en le faisant, la société soit bouleversée ; car alors que quelques femmes se trouveraient plus portées vers les travaux de l'intelligence, à côté d'elles il s'en trouverait de plus portées vers les autres; et puis, il faut le reconnaître, la femme qui avant tout *est religieuse*, car plus que l'homme elle se rapproche de tout ce qui tend à l'union, n'ira jamais se livrer à des actes qui amèneraient le désordre dans la société, surtout lorsqu'elle sera éclairée sur ses droits et ses devoirs. Ce qui fait aujourd'hui que tant de femmes se livrent avec dégoût aux devoirs qui leur sont imposés, c'est qu'en général ils sont peu en accord avec leurs droits, et qu'ils leur sont *imposés*, sans qu'elles sachent *pourquoi*; lorsqu'elles seront éclairées, elles s'y soumettront toutes en temps qu'ils ne tendront pas à les étouffer, et elles n'apporteront pas, ainsi qu'on a paru le craindre, le trouble au milieu de la société, car les femmes *préfèrent toujours l'ordre au désordre*.

Pour ce qui est des moyens d'utiliser leur intelligence, il en est un qui me paraît bien simple: à quoi les hommes font-ils servir la leur? ils la répandent sur leurs semblables, en tâchant toujours de la faire servir au bien général. C'est là ce à quoi il faut faire servir celle des femmes, et le moyen, c'est de leur créer une place plus large dans l'ordre social. D'ailleurs ceci est dans la force des choses, la société marche, le temps est venu où les femmes devront avoir plus d'influence dans la société, et ce développement intellectuel est une des marques de ce progrès; un peu plus tôt un peu plus tard, il devra s'opérer; tous les esprits un peu avancés, le reconnaissent; vous-mêmes, Messieurs, l'avez senti en agitant cette question, et en appelant les femmes à s'en occuper: les femmes vous en remercieront, car elles seront reconnaissantes de tous les efforts qui se font pour elles.

Ainsi pour moyen, c'est de leur donner une plus large part dans les travaux qui ont pour but le bonheur général, et de les aider à se créer une place plus large dans l'ordre social, et de travailler à détruire tous les préjugés sous lesquels on cherche à étouffer celles qui veulent donner l'essor à leur intelligence.

Marie Reine.

MESSIEURS ,

Cette question qui fait le sujet de votre séance : — *quels sont les moyens de favoriser et de mettre à profit le mouvement intellectuel qui se manifeste chez les femmes :*—a, je l'avoue, soulevé dans mon cœur des émotions que j'avais cru devoir y ensevelir, a donné à ma pensée le désir de se faire comprendre, de s'exprimer sur un but particulier à atteindre, lors même que je m'égarerais dans ma route, et à mon faible esprit le courage de braver la raillerie, peut-être la honte. — D'ailleurs, Messieurs, n'est-ce pas entrer dans l'esprit de votre société qui est tout de philantropie, tout de lumière, que de ranimer par l'élocution le sens paralysé d'une bonne intention, que de chercher à tirer une faible lueur d'une étincelle vacillante : je le crois. Et puis un génie, *Shakspeare*, a dit : « il est dans la voix des » mourans une espèce de charme qui captive l'attention, et une » voix qui va s'éteindre est plus écoutée que ceux qui, pleins de jeu- » nesse et de santé, prodiguent à loisir leurs facultés : la vérité sort » de la bouche de l'être qui souffre. »—Si j'ai bien compris, Messieurs, le sens de votre question, si j'ai su unir ma pensée à la noblesse de vos intentions, vous vous serez dit : des écrits paraissent, des associations se forment ; voilà des femmes *nées*, voilà des femmes qui grandissent ; cherchons à donner des développemens à leur état présent pour favoriser leur état à venir.—Vous le pouvez, Messieurs, il faudra peu de temps à votre pénétration pour constater un besoin, et tirer une vérité de l'analyse des effets qui dérivent d'une même cause. — Vous le savez, l'intelligence n'est pas toujours exclusive ; il n'y a que l'arbitraire qui, souvent, la conteste à tels ou tels individus. — S'il y a progrès dans la littérature des femmes, c'est que beaucoup, heureusement placées dans le monde, trouvent dans le bienfait de l'éducation, dans le contact d'esprits élevés, dans les conseils d'êtres supérieurs, les moyens de développer leur esprit, d'épurer leur goût, d'asseoir leur jugement. — En même temps que celles-là, échappées de la foule, jouissent de l'espace, observez qu'il en est d'autres qui aspirent au même but, qui invoquent les mêmes guides, mais que des liens retiennent, et que toute protection repousse. Vous permettrez, Messieurs, à une génération nouvelle, qui ne fléchit que par humilité devant les préjugés du monde et les abus de sa routine; de blâmer noblement et sans crainte d'être entendue, les dangers de leur influence, les effets de leur mécanisme. C'est aux femmes, c'est aux jeunes filles d'élever leur timide voix et de dire ce qu'elles ont souffert, ce qu'elles souffrent dans l'atmosphère épaisse qui étouffe leur intelligence, et de demander ce qu'elles pouvaient espérer de lumière. Il est bien que ce soit une d'elles qui essaie de vous faire comprendre à quelles peines les condamnent la soumission de leur conduite, l'abnégation de leur volonté, quelle pourrait être leur part dans vos intérêts, et puis vous direz si leur sort est digne de vous, si leur existence de chaque jour n'est pas le sourire ironique d'une mauvaise action qui triomphe.

En effet, ne semble-t-il pas que les hommes, après je ne sais quel festin, comme possédés du délire, se soient écriés : — à nous le soleil! à vous femmes, son satellite, qu'il vous éclaire s'il se peut! — A nous le monde et ses gloires! à nous la connaissance de toutes les découvertes! à vous, la société et ses ébauches! à vous le fabuleux de l'origine! — A nous les sucs vivifians qui développent l'esprit et fécondent l'imagination! à vous, les vapeurs fades et odoriférantes qui amolissent les facultés et énervent les sens.

Maintenant, hommes du dix-neuvième siècle, direz-vous comme Labruyère: pourquoi s'en prendre aux hommes si les femmes ne sont pas savantes; par quelles lois, par quels rescrits leur a-t-on défendu d'ouvrir les yeux et de voir? — Par quelles lois!... mais c'est dérision: quoi, vous, êtres supérieurs! il vous faut, dès votre jeune âge, pour rendre votre esprit attentif, les soins de maîtres expérimentés et les premiers de leur nation, les études d'un collége, des années d'universités, puis des chaires spéciales dans lesquelles des savans de chaque science vous les font concevoir; il vous faut, dis-je, avant cet âge de 20 à 22 ans, avoir passé successivement dans toutes les classes d'un lycée, par tous les grades de l'enseignement, pour arriver, seulement alors, à réfléchir, à raisonner; encore ne resterez-vous pas sans guides, et de toutes parts, dans des lieux consacrés, vous trouverez un aliment à votre esprit, une réponse à votre pensée. Et vous voulez que l'être faible, que les femmes auxquelles vous n'avez donné de l'instruction que ce qu'elles avaient en elles de fatigue pour l'esprit, d'inconséquence pour la morale, en pratiquent les règles, en propagent les principes! — Cela est rare : et en les observant un peu, je comprends leur silence, leur conduite, la vertu et les vices. —

Mais ce n'est pas assez que de voir, que de comprendre ; la vue morale aussi bien que la vue physique ne peut fixer le danger sans chercher à le prévenir. C'est pourquoi, Messieurs, vous appuyant sur les bases de la morale et des progrès, et me servant de vos expressions, *vous chercherez à favoriser le grand mouvement intellectuel qui se manifeste chez les femmes.* — Ouvrez à l'enseignement des classes publiques ; rois de la science, faites-vous en même temps ses sujets : laissez-là toutes théories spéculatives ; laissez-vous aller à une pratique libérale ! — Bientôt, vous verrez la foule attentive à vos leçons, rejeter son inertie, recouvrer de nouvelles forces, entrevoir une autre vie. L'idée que j'essaie de vous soumettre, n'est pas mienne, elle a de puissantes racines et d'immenses rejetons : consultez l'instruction publique des Etats-Unis. — Déjà, Messieurs, deux hommes généreux, deux hommes qui vous appartiennent, MM. Lévi et Lourmand viennent d'ouvrir à l'enseignement une voie régénératrice. La pensée d'un cours normal gratuit pour les institutrices les honore, et acquerra bientôt une haute importance. L'habitude des classes, le malheur ou l'expérience faisait que de jeunes filles, que des femmes suivaient comme par routine, entraient comme par hasard dans la carrière de l'instruction ; maintenant que des guides dévoués les y précèdent, elles suivront leurs pas pour arriver au but que révèle toute noble profession.

A cette cause, doivent se rallier ces êtres aux pensées larges, au jugement élevé, aux paroles divines qui attirent, émeuvent, électrisent. C'est au plus vite que nous nous devons à des destinées meilleures ; les femmes doivent les trouver dans les bienfaits d'une éducation solide, achevée, durable. — C'est à vous, Messieurs, qui avez puisé à la source même de la science, de répandre sur elles, je pourrais dire, le trop plein de la mesure, et leur reconnaissance sera éternelle comme votre protection infinie. — Il est bien pénible, Messieurs, de ne pouvoir exprimer sa pensée telle qu'elle vous bat au cœur. Je voudrais dire, et je ne sais comment exprimer tout ce que j'entrevois de progrès, d'affranchissement, de bonheur et de pures joies dans l'avenir, dans la vie privée, dans la conscience des femmes, s'il vous plait de semer devant elles tout ce qu'un bon grain doit donner de moisson.

ANGÉLINE PICNOT.

Élève du cours normal gratuit des institutrices.

L'impartialité promise à toute pensée de femme me fait un devoir d'insérer
la lettre suivante.

MADAME,

C'est un rôle assez désagréable à remplir que celui de critique, et l'on conçoit facilement que ce n'est qu'à mon corps défendant que je le remplis. Mais j'ai été si désagréablement surprise dans les séances de la rue Taranne, que je ne peux m'empêcher de vous en exprimer mon sentiment, à vous, avec qui quelques rapports de pensée me lient.

A l'énoncé de cette question : —*quels sont les moyens de favoriser et de mettre à profit le grand mouvement intellectuel qui se manifeste chez les femmes*, — et sachant que *toutes* étaient appelées à exprimer leurs sentimens, j'ai dû penser qu'ayant tant à se plaindre de l'oppression et du peu d'importance qui leur est accordée, elles s'élèveraient avec chaleur contre leur abaissement; je m'attendais que celles qui auraient le pouvoir de parler ne diraient pas de vaines paroles et que les femmes assujéties sous le même joug se rallieraient et sauraient discerner au moindre cri d'une souffrance, dont aucune n'est exempte, la parole d'émancipation de la parole servile, insignifiante. Hélas! Madame, quelle erreur était la mienne, et qu'était-ce que ces séances où nous étions appelées à parler? Oh! notre pauvre espérance que cette proposition a fait naître, qu'est-elle devenue?

Quelques accens de l'âme s'y sont fait entendre; ils n'ont pas même été discernés du parlage, des phrases à effet de presque toutes ces dames; les véritables souffrances de notre sexe sont restées muettes et dans l'ombre pour laisser le champ libre au bel esprit, à la pédanterie, aux fades complimens, à l'erreur, aux paroles désordonnées, à l'égoïsme qui cherchait à spéculer sur l'empressement que nous avions mis à nous rendre à cet appel. Et si, au travers de ce touchant accord d'éloges et de louanges réciproques, au milieu de ce charlatanisme, quelques graves pensées venaient à se montrer, c'était pour être aussitôt noyées dans la foule des inutilités; car de s'occuper de les recueillir, de les soumettre à l'examen, de les défendre et de les inculquer à ceux qui ne les auraient pas senties, ce n'était pas l'affaire de tous ceux qui prenaient la haute place; ils n'étaient pas venus là dans ce dessein, mais bien pour s'occuper d'eux-mêmes, pour lire leur discours ou défendre leur personnalité, et moi, de répéter tout bas : ô mon pauvre espoir qu'es-tu devenu!

Assurément, cette question, d'après la manière dont jusqu'ici elle a été discutée, semble être hors de la portée de ceux qui l'ont soulevée comme de ceux qui l'ont traitée. Sans doute, nous n'attendions rien pour sa solution immédiate, mais nous espérions entendre des voix s'ajouter aux innombrables voix pour décrire les souffrances de notre sexe; au lieu de cela, nous avons vu des femmes qui croyaient que le titre de littérateur leur donnait des droits à la parole, et qui, dans leur hardiesse, à propos de mettre à profit le grand mouvement intellectuel des femmes, se sont élevées contre les vices des éducations de couvent, ont exalté les bienfaits de quelques entreprises en faveur de l'instruction des jeunes personnes. Pour nous, qui avions senti ce que cette question avait de profond, nous pensions que vouloir utiliser socialement ce grand mouvement de progrès, c'était déclarer qu'en dehors de ce qui est il existe une puissance bonne à mettre à profit; c'était ouvrir la porte aux réclamations, aux besoins des femmes, appeler la révélation de leurs souffrances intimes, c'était avouer qu'elles ne sont pas à leur place et demander comment on peut arriver à fixer le rôle nouveau de la femme dans l'état social ; enfin, c'était avouer l'incomplet de tous les rôles sociaux, et les soumettre tous de nouveau à l'examen pour chercher à y remédier, s'il y a lieu; c'était, en un mot, traiter les plus hautes questions d'*art*, de *politique*, de *morale*, de *religion*. A ce point de vue, certes, ce n'est point à vous, Madame, que j'ai besoin de faire sentir ce que les séances dernières m'ont apporté de déceptions. Pourtant, je ne veux pas oublier de dire que dans le monde moral si décrépit à notre époque, une femme se propose d'ouvrir un cours de morale ; nous avouons que c'est une douce consolation de voir encore quelques colonnes debout parmi tant de ruines.

Agréez, Madame, etc.

Marie Camille de G....

EXTINCTION DE LA DETTE DU PÈRE.

Les apôtres, sous la direction du PÈRE, ont sacrifié leur fortune entière à la propagation de la foi nouvelle à *l'affranchissement des femmes et du peuple;* pendant deux ans, ils ont enseigné au monde, par la publication gratuite du Globe, de l'Organisateur et d'un million de brochures, le but que DIEU assigne à l'humanité. Aujourd'hui, qu'ils n'ont plus rien à donner, LE PÈRE s'est éloigné de la France; il va montrer aux populations endormies et arriérées de l'Égypte la puissance du travail et de la production. Ceux-mêmes qui ne partagent pas sa noble confiance dans l'avenir de gloire et de prospérité pacifique qui s'ouvre devant les générations futures, ne peuvent s'empêcher d'admirer le courage et la persévérance de cet homme *vraiment grand*. Que ceux-là qui l'admirent, pour ce qu'il a fait, pour ce qu'il veut faire encore, apprennent qu'il faut quelque chose de plus que de l'admiration à celui qui se dévoue pour le salut de tous;

il faut qu'il soit aidé, il faut que rien dans sa vie ne soit un sujet de doute, de raillerie et d'incrédulité moqueuse.

LE PÈRE n'a rien, et il doit; ce qu'il avait, il l'a donné; ce que ses fils avaient, ils l'ont donné; et, cependant, il ne faut pas que le monde puisse prononcer les noms du PÈRE et celui de ses FILS, en y ajoutant l'épithète d'insolvable; car nous, qui l'aimons et qui les aimons, nous voulons que son nom et leurs noms soient respectés par tous. C'est pourquoi nous avons résolu de réunir en un faisceau commun tous les efforts de ceux qui aiment et admirent LE PÈRE et ses FILS, et le nombre en est grand, afin de payer les dettes qu'ils ont contractées en travaillant à l'affranchissement des femmes et du peuple. Nous faisons un appel à tous, afin que tous prélèvent sur leur superflu de quoi payer une dette au nom et pour le salut de tous : quelque légère que soit leur offrande : nous la recevrons avec reconnaissance. Déjà, une souscription a été ouverte et plusieurs personnes ont fait leur versement, en s'engageant à le continuer de mois en mois. Tous ceux qui sont dans l'intention de les imiter devront s'adresser, soit chez Caroline Béranger, rue Saint-Sébastien, n. 56, ou chez Mme Marie Talon, rue Neuve-du-Luxembourg, n. 28.

Aussitôt que nous aurons réuni un nombre suffisant de souscripteurs, nous en publierons les noms, à moins qu'ils ne s'y opposent, et nous prendrons des mesures pour régulariser *légalement* le versement des souscriptions, soit en les faisant déposer chez un notaire, commis à cet effet, et chargé d'en appliquer le produit, soit de toute autre manière propre à remplir le but que nous nous sommes proposés

Caroline Beranger.

Suzanne, }
 Célestine, } Directrices.

La Femme Nouvelle.

TRIBUNE
DES FEMMES.

Notre bannière étant à la peine, il est juste
qu'elle soit à l'honneur.
JEANNE-D'ARC.

Égalité tous de droits et de devoirs.

Tome Second. — 2ᵐᵉ Livraison p⁵ 21-36.

PARIS,

AU BUREAU DE LA TRIBUNE DES FEMMES,
RUE DES JUIFS, N. 21.
ET CHEZ JOHANNEAU, LIBRAIRE, RUE DU COQ-SAINT-HONORÉ.

Novembre, 1833. — Deuxième année.

Et j'ai dit dans mon cœur : que faire de la vie !
Irai-je encore, suivant ceux qui m'ont devancé,
Comme l'agneau qui passe où sa mère a passé.

LAMARTINE.

En vérité, il est un moment dans la vie où l'on est en droit de désespérer de soi-même et de l'humanité, si l'on n'est pas soutenu par une pensée religieuse. Je veux parler de l'instant où la raison a atteint un certain degré d'élévation dans l'esprit de la femme : à ce moment, sa jeune âme, pleine d'enthousiasme et d'ardeur, croit pouvoir jouir du droit de liberté que Dieu, quoiqu'il en soit autrement, a donné à tous. C'est alors que pour elle commence cette vie de déception et d'angoisses, vie de sacrifices ; elle voit distinctement ces rêves charmans de l'adolescence s'évanouirent avec une effrayante rapidité ; de même encore que ces douces illusions, où elle se plaisait à voir un monde indulgent, ou du moins *juste*. Pauvre ignorante ! les jours, les heures même lui semblaient des années, tant elle désirait l'atteindre, afin d'y pouvoir occuper un rang digne d'elle, et justifier, s'il est nécessaire, aux yeux de tous, son besoin d'amour et de gloire ; oui, oui j'ai dit de gloire, sans craindre le découragement que pourrait produire ce rire moqueur qui effleurera peut-être les lèvres de ceux qui liront ces réflexions ; car, pour moi, c'est une preuve incontestable que vous n'avez jamais senti, et que vou ne comprenez point tout ce que cette sublime pensée a de pouvoir sur une jeune âme ardente et passionnée, qui sent profondément que par elle l'amour se purifie, s'élève et devient une vertu mobile de toutes nos actions.

Jamais erreur ne peut être reconnue avec autant de vérité que dans cet instant, où la femme, entrant dans le monde, croit y trouver la réalité de ses espérances. Son monde, à elle, était si pur qu'il ne pouvait certainement de nos jours n'être qu'une chimère. Oh ! quelle différence il existe dans celui qu'elle aborde, pour elle comme pour toutes celles de nous qui consentons à l'habiter. Il impose rigoureusement une obéissance passive à toutes ses lois, aussi inconséquentes que bizarres. Sous de semblables institutions, il est bien croyable que l'existence d'une femme n'est comptée pour rien, et passe inaperçue comme le vol rapide de l'oiseau. Au résumé, elle doit consacrer sa vie à l'observation la plus minutieuse de ces deux principes, abnégation entière de toute volonté et résignation non moins restreinte, et que ne sai-je pas encore ; puisque je commence à vivre pour la raison, ô mon Dieu ! que suis-je donc destinée à apprendre, si je consens à me confondre dans cette généralité si confuse et si mesquinement organisée. Mais non, il n'en sera pas ainsi, et je n'accepterai point la considération de tout un monde semblable, pour prix de mon abaissement et de ma servilité ; et, répétant ce qu'une de nous a déjà dit, je l'attendrai avec patience, sans pour cela faillir au mandat que la femme a reçu de son Dieu.

Pourquoi donc, moi aussi, suivrais-je cette foule véritablement aveugle, qui va sans y songer, où tout se confond et se perd sous le silencieux et profond mystère de la tombe. Oui, je veux m'arrêter, puisqu'il est encore temps, avant de franchir l'entrée de cette vie que tant de femmes n'ont pu parcourir sans souffrances ou sans réprobations, sans être livrées à l'isolement ou précipitées d'abîme en abîme par un monde injuste et railleur ; et cette voix, qui me crie, ne me l'ordonne-t-elle pas, en quelque sorte : *Dieu, bonne et tendre mère, ton enfant te remercie avec toute l'effusion dont sa jeune âme est capable ; elle écoute attentivement la mystérieuse et sainte révélation :* « N'entre pas, m'est-il dit, dans ce monde qui croule chaque jour sous tes yeux ; vois les vains préjugés qui l'accablent et l'entraînent vers le néant, pour reparaître ensuite digne de celui qui l'a créé ; attends, si tu en as la force, qu'il renaisse assez vaste et puissant pour donner à tous la place qu'ils doivent occuper ; la tienne y sera : soit prête alors pour remplir la mission qui te sera confiée ; attends, attends, et prépare-toi à la remplir dignement. » Oui, oui je saurai attendre ; car ce temps sera employé au travail préparatoire. Pour jouir, apprends cette liberté qui doit un jour nous advenir. Oh! liberté, il n'est point de bonheur sans toi, et jamais elles n'en ont joui, les femmes, ou du moins c'est sans la comprendre, et la responsabilité des fautes qu'elles ont pu commettre, en se mettant, dans une position exceptionnelle, vis-à-vis du monde qui se dit religieux, quoique n'ayant pour système que l'oppression, ne doit point retomber sur elles ; elle est pour cette masse qui leur avait imposé un rôle secondaire, sans jamais vouloir comprendre tout ce qu'il dévore d'intelligence et de courage ; car la femme n'est pas une immobile et froide statue, que l'habile sculpteur embellit et pare suivant son caprice ; bien loin de là, elle vient de Dieu, et sa vie, qui est en elle, pourra désormais s'égarer, mais non s'avilir, quand elle aura compris tout ce qu'elle renferme de noble et d'élevé. A nous, sans doute, était réservé de connaître notre nature ; car nous avons compris que, sorties de l'enfance, nous pouvons aisément nous passer de guide moral durant toute notre vie, et que, ne ressemblant pas au lierre, nous pouvons grandir sans appui.

Quelques dénominations tendres et flatteuses qu'il soit accordées à la femme, ne craignons pas de paraître exigeantes, en portant nos vues à une élévation supérieure ; ce ne sont, hélas! que des fleurs que ceux qui les sèment font aussitôt disparaître ; lorsqu'elles s'élèvent assez haut pour ombrager le terrain qu'ils cultivent, ou que l'inconstance abat avec autant de légèreté que de promptitude ; ce n'est plus la sourde influence qu'il faut nous donner pouvoir d'exercer, c'est la juste puissance d'un être non supérieur, mais digne de l'égalité qui nous est due et nous sera accordée.

Célestine M......,

SOCIÉTÉ DES MÉTHODES D'ENSEIGNEMENT.

(L'abondance des matières nenous permettant que d'insérer le discours suivant, qui a été prononcé dans la séance du 22 octobre, nous remettons au numéro prochain à rendre compte de cette quatrième conférence.)

Je ne viens point, *Messieurs*, faire ici de littérature; enfant du peuple, je n'ai pu recevoir l'instruction qui permet à la pensée de s'échapper du cœur, brillante et colorée; l'expression de la mienne sera simple et vraie comme le sentiment qui m'anime. Le cri de l'âme, pour se faire comprendre, peut se passer facilement des ornemens des sciences apprises.

Grâce vous soit rendue, *Messieurs*, vous avez éveillé l'attention sur une *cause sacrée*; vous êtes, plus que tout autre, en position de continuer cette œuvre; des préventions *injustes* et *fausses* ne vous entourent pas, ne sont pas là prêtes à vous saisir corps à corps, et à paralyser vos intentions bienveillantes pour nous. Vous avez senti que dans l'ordre social existant, et malgré le développement inouï de lumières qui, depuis cinquante ans, ont pénétré dans les masses et les ont éclairées sur leurs droits, le sort de la femme, *seul*, ne s'était point amélioré, qu'elle était toujours là, comme par le passé, *pupille* et *dépendante*, souffrant dans *son intelligence*, dans *son sentiment moral* et dans ses *besoins physiques*, de cet état subalterne et précaire qui pèse sur elle, à son entrée dans la vie, et ne la laisse libre qu'à la mort. Votre mérite, *Messieurs*, est d'avoir senti que la *femme* avait beaucoup à réclamer et beaucoup à attendre d'un siècle comme le nôtre. Quittant alors le rôle de tuteurs, de législateurs, de maîtres absolus : vous êtes venus vers nous comme de véritables amis, solliciter et faciliter tout à la fois la révélation de nos plus secrètes pensées ; que tout cœur de femmes qui, pressant l'avenir, vous adresse une pensée de reconnaissance pour cet acte ; car prêtant l'appui de la publicité à cette *cause sainte*, elle deviendra bientôt, j'espère, question sociale ; j'ai la conviction intime qu'avant peu tout ce qu'il y a dans notre *belle France*, de *vivace*, de *jeune*, de *moralement fort*, tout ce qui doit en un mot, *renouveler le siècle*, bientôt sentira, comme moi-même je le sens si profondément, que de s'occuper du sort des *femmes*, que de favoriser et d'encourager leur développement, c'est la seule voie possible pour imprimer au grand mouvement intellectuel et moral, qui se manifeste partout, la marche complète et rapide que la société est en droit d'attendre de tout nouveau progrès.

Messieurs, nous sommes réunis dans cette salle pour la quatrième fois, lisant, dissertant, et *ne résolvant rien*. D'où vient cela ? C'est, je crois, que l'on a craint de poser la question sur son véritable terrain. Je vous avouerai même en toute vérité, *Messieurs*, à mesure que le temps marche et que vos discussions se continuent, le découragement et la déception se glisse de plus en plus dans mon âme; déjà plus d'une fois je me suis demandé, voyant la direction que vous imprimiez à ces conférences, si vous aviez *mission* et *puissance* pour diriger notre intelligence? Si vous savez vers quel but devront converger nos diverses aptitudes? Quelle place sera la nôtre, si les institutions qui nous régissent, les lois qui nous gouvernent, si tout ce qui existe ne subit pas une transformation importante. Votre question, *Messieurs*, qui selon moi touche à *tout*, s'adresse-t-elle à la généralité des *femmes*? Est-elle faite dans l'intention de vous éclairer de toute lumière, afin d'améliorer le sort de l'ensemble de la totalité ? Ou bien est-elle exceptionnelle et favorable seulement au petit nombre de femmes intelligentes, assez fortes, assez persévérantes pour sortir de la foule malgré les entraves qui se trouvent sous leurs pas! S'il en était ainsi, je vous dirais Messieurs, créez une association protectrice des lumières, sous votre patronage: admettez les *femmes* qui se distingueront par l'inlelligence dans vos sociétés savantes, dans vos académies; alors, à un certain point de vue un peu étroit sans doute, votre question se trouvera résolue, vous aurez facilité le développement intellectuel des *femmes*, par [la gloire qu'il y aura pour elles de mériter la palme du génie en concourant à vos côtés; et vous aurez utilisé ce grand mouvement par l'émulation qui devra naître nécessairement des nouveaux rapports qui s'établiront entre les sexes.

Messieurs, en continuant sur ce ton, je croirais en vérité méconnaître l'esprit progressif qui vous animait lorsque vous avez livré à la discussion publique cette importante question. Je craindrais de vous rapetisser dans vos intentions, en répondant par des détails mesquins sur des éducations partielles; à un problème d'un ordre élevé et d'un intérêt général. Hé quoi ! Pense-t-on que la question soit déjà résolue, pour s'occuper ainsi qu'on l'a fait dans les dernières séances, de détails propres à figurer tout au plus dans un prospectus de pensionnat, continuer ainsi, serait nous attirer de la part des esprits sérieux, le reproche mérité que nous ne savons que glisser sur les surfaces, et non point approfondir les choses ; donnons quelques soins à la forme, mais ne négligeons pas le fond ; croyez-moi, reprenons l'examen de la question proposée, examinons-la sous toutes ses faces. Nous sommes-nous assez pénétrés de son importance? nous sommes-nous bien élevés à sa hauteur? avons-nous senti que chercher à fixer par l'éducation ce que le mouvement intellectuel des *femmes*, peut et doit exercer d'influence sur la nouvelle génération, c'était leur assigner un rôle dans la société, ce qui jusqu'à présent n'a existé que de *fait* et non de *droit*, par conséquent n'a pu être ni *régularisé* ni *utilisé*, c'était enfin appeler la *femme* à prendre *sa place dans la famille*, *dans le temple*, *dans l'état*, en d'autres mots, à compter véritablement pour moitié dans la famille humaine ; que l'on ne s'y trompe pas, cette question est *multiple*, elle comprend *toute la femme*, elle touche [à *toute sa vie*. Vous ne pouvez, sans danger de désordres, développer une de ses facultés, et laisser les autres dans l'ombre : agir ainsi, serait apporter une lumière funeste, lumière qui ne servirait qu'à découvrir une plaie profonde, sans y appliquer de remède. *La femme* n'a point seulement une intelligence, elle a aussi un cœur et un corps, c'est dire qu'elle a des besoins à satisfaire dans l'ordre *moral, physique et intellectuel.*

Je le répète, *Messieurs,* cette question touche *à tout*; je ne puis la résoudre qu'en la considérant dans sa plus haute expression, je veux dire en la rattachant à l'émancipation complète de la *femme.* Ainsi, pour tout homme de bonne foi, chercher les moyens de favoriser et de mettre à profit le grand mouvement progressif qui se manifeste chez notre sexe, c'est reconnaître en principe l'égalité sainte de la *femme* et de l'*homme* devant Dieu, et appliquer à la pratique de la vie toutes les conséquences de ce grand principe libéral. Partant de cette base, nous aurons à examiner plus tard tous les élémens sociaux; il y aura lieu de rechercher en politique, en industrie, ce que l'intelligence des *femmes* et leur influence pourraient y apporter d'amélioration, *ce qu'en morale elles pourraient réformer ou admettre....* Tant que nous resterons en arrière de ces questions, les *seules vivantes,* les seules vraies de cette vérité éternelle, les intentions les plus bienveillantes resteront elles-mêmes sans résultats; il y aura toujours dans toutes les conditions de la vie des douleurs énormes, tant que l'*égalité des sexes* ne sera pas un fait social. Que les âmes timides ne se laissent point trop préoccuper, si, de ce point de vue, tout paraît à réformer : il y a toujours, comme moyen transitoire, à faire quelque chose dans le temps; *il y a à préparer l'avenir,* il y a à introduire comme *lien* entre le présent et l'avenir les améliorations jugées les plus urgentes.

Cet avenir, Messieurs, touche de bien près le présent : il faut le connaître, si nous ne voulons pas en être débordé, et pour qu'il ne vienne point *subitement* détruire le peu de convictions qui nous soit restées.... Mais, je m'arrête, car alors, surgissent les grandes questions de notre destinée... chercher à les faire entrer dans le cadre proposé, serait vouloir le briser, et telle n'est point mon intention....

Si la discussion peut se poursuivre, si la question peut être placée sur ce terrain, alors les femmes auront quelque chose à dire, alors, encouragées par vous, elles viendront elles-mêmes vous découvrir leurs souffrances secrètes, leurs desirs, leurs espoirs pour l'avenir ; on n'entendra plus des *femmes* de talens être réduites à demander ce que personne ne pense à leur refuser, qui songe maintenant à rétablir les éducations de couvent... Si quelques familles, éparses çà et là, regrettant le passé, s'attachent à tout ce qui le rappelle, respectons leurs convictions et leur douleur sans espoir. Ce serait le cas d'appliquer ce mot remarquable : *laissons faire*, ne nous en inquiétons pas , *ce n'est par là que marche notre jeune France.*

SUZANNE.

Paris, 8 octobre 1833.

A MESDAMES LES RÉDACTRICES DE LA TRIBUNE DES FEMMES.

Oui, Mesdames, c'est une belle dévotion aussi, que celle du progrès ! mais faut-il qu'au dix-neuvième siècle il y ait encore tant d'hommes et de femmes attachés à la routine ? s'obstinant à rester dans les sentiers étroits et fangeux ? enfin à qui la lumière fait peur. Au dix-neuvième siècle ! siècle de tant de gloire, siècle de mouvement perpétuel, tendant à tout agrandir, entraînant dans sa course vers les destinées futures, d'innombrables bienfaits ! quoi ! lorsque les femmes du progrès élèvent la voix, non pour dominer, non pour usurper aucun droit, mais pour tout *égaliser*, en admettant *des différences*, *des aptitudes* on entendra des hommes injurieux, parler bien haut, attaquer, déprimer le génie, la grandeur et la dignité de ces mêmes femmes? et d'autres femmes humbles, se soumettent servilement à ces tristes organes du mensonge et de l'usurpation. Ils refusent ces hommes, que les hommes de bien répudient, ils refusent l'égalité que nous demandons, nous qui avons tant de motifs pour être fières de la tâche que le ciel nous a confiée ; tâche immense, qu'ils s'efforceraient en vain de méconnaitre. S'il est vrai que la femme ne serait rien sans l'homme, il est encore plus vrai que sans la femme il serait moins que rien. La majorité des femmes est trop bien instruite par ses épreuves et sa conscience, pour ignorer quels droits sont les siens, pour ignorer que l'homme, faible créature aussi, n'a véritablement ni le droit de l'opprimer, ni celui de l'affranchir; qu'avant tout elle a Dieu pour protecteur. Et que faut-il donc placer entre ces deux êtres, l'homme et la femme ? La vérité, l'union, la paix, toujours la paix ! que demandai-je autre chose que la paix et l'égalité, que la paix et la justice ? Eh ! bien, Mesdames, ce sont ces invocations de bonheur, de félicité, qui courroucent, irritent contre moi les hommes et les femmes rétrogrades ; en vain dans la question qui s'agite, rue Taranne, je leur tiens ce langage ; vous l'entendez vous-mêmes. Ils forment déjà leur cabale, se préparent à nous faire entendre des préceptes rétrogrades, à établir une école rétrograde. Le langage de la philosophie, de cette grande raison humaine, ne les arrêtent pas ; les produits intellectuels qui ont honoré tant de femmes de l'antiquité, qui honorent tant de femmes depuis la renaissance jusqu'à nous, ne les arrêtent pas ; les lois de la civilisation domestiques créées par les femmes, les lois qui se sont rendues universelles, ne les arrêtent pas.

Nous demandons aussi une éducation large et solide, et dans leur ridicule étonnement il se révoltent ; et nous sommes au dix-neuvième siècle ! O femmes du progrès, oui, poursuivez votre route ; la religion du vrai Dieu! la vérité, l'équité, l'amour de l'humanité, une abnégation généreuse, tels sont vos guides, et les générations futures vous béniront ; elles rediront aussi : les femmes, toujours les femmes sont nées pour la civilisation, pour apporter au monde la paix et le bonheur ! Et vous, femmes rétrogrades, dirai-je, ne l'oubliez pas : plus vous serez petites et d'âme et d'intelligence, plus les hommes seront petits et d'esprit et de cœur.

Dans l'éducation des femmes, outre le moral, qui est la première puissance, et qui exige la première et la plus grande culture, il est nécessaire, urgent de porter notre attention sur leur situation physique : que sont des femmes élevées dans la mollesse, dans une sorte d'anéantissement de leurs forces naturelles? De quelle génération menacent-elles l'avenir? Il faut donc aux femmes également une instruction gymnastique; j'en ai acquis la preuve en visitant de nouveau l'établissement du colonel Amorós, de cet homme vieilli dans l'expérience et dans l'amour du bien; tout plein d'ardeur encore, criant aussi : progression! progression!

Il faut, dès leur tendre jeunesse, déployer dans les femmes toutes les forces physiques dont elles sont capables. La méthode *amorosienne* est à la fois une source de morale et de santé. Dans cette école normale, civile et militaire, on ne voit pas, comme il existait à Sparte, à Rome, les essais, les déploiemens, qui ne formaient que des lutteurs inutiles et barbares, et que l'on donnait en spectacle à un peuple grossier, qui *baissait* ou *élevait* les pouces, pour décider à son gré de la vie ou de la mort du misérable athlète. Les exercices gymnastiques de M. Amorós se divisent en deux séries principales, dont les combinaisons sont fort nombreuses, c'est-à-dire, en exercices élémentaires et en exercices d'application, ou grands exercices. Aux premiers, qui consistent à disposer les divers mouvemens des extrémités, des membres en général, dans toutes leurs articulations, est adopté le rythme musical; le chant est imaginé aussi pour favoriser les organes de la respiration.

Arrivés dans la salle de musique, les jeunes élèves des deux sexes commencent par un chant pendant lequel le corps garde une attitude noble et calme; c'est le chant de la prière, c'est l'hymne religieux. Le chant qui succède est celui du travail; l'oisiveté étant un vice qui conduit à beaucoup d'autres, les bras font du bas en haut et du haut en bas un mouvement ferme, vigoureux et prompt; immédiatement après succèdent les chants et les gestes du courage, de la valeur, de l'amour de la patrie, de l'émulation mutuelle, de la bienfaisance et du dévoûment, et ces maximes sont puisées en partie dans nos poëtes les plus illustres; et de là, on passe aux grands exercices. C'est alors que l'on est surpris de trouver réunies à la fois tant d'adresse, de force et d'agilité. Si les élèves grands et petits, et des deux sexes, montent, s'élancent sur les grandes machines; s'ils se livrent à des exercices difficiles, il ne faut pas qu'ils en oublient le but moral; c'est pour servir l'humanité en danger qu'ils acquièrent et de l'adresse et de la force. Des prix de vertu sont décernés à ceux qui ont eu le bonheur de sauver la vie de quelqu'un. Là, les jeunes personnes gagnent toutes les forces qu'elles auraient perdues au sein d'une vie d'enfance contrainte dans son besoin d'activité : là, ces jeunes et belles amazones, mais nobles, mais dignes, mais unissant la grâce, la candeur, les attraits de leur sexe à ces vaillans exercices, préparent une génération qui recevra le complément de sa magnificence, à l'aide de cette grande raison dont nous venons de parler, de cette philosophie qui seule peut donner à l'âme humaine la puissance de s'élancer vers Dieu, que dis-je? de se confondre avec la pensée éternelle.

La gymnastique amorosienne étant aussi l'un des moyens de progression, j'ai cru devoir vous en parler, mesdames, assurée que je suis que, s'il était en votre pouvoir de les réunir tous, vous viendriez, heureuses, les offrir au monde entier.

Oui, ne tendons toujours qu'au progrès; laissons à ces hommes et ces femmes, enthousiastes de stagnation ou de rétrogradation morale, civile, politique et religieuse, le soin de nous blâmer; laissons-nous exorciser par les *extatiques* et les *modernes convulsionnaires;* opposons à ces femmes, qui se glorifient de gouverner les hommes en les trompant, de les assujétir à force de ruses, comme on fait de la brute sauvage; opposons, dis-je, toujours notre franchise, notre sincérité, cette éloquence, qui tôt ou tard touche et persuade des êtres intelligens; préservons nos fils, nos frères de ce lâche asservissement, et corrigeons, s'il se peut, les femmes qui se rendent coupables de tant d'indignités.

Recevez, je vous prie, mesdames, les témoignages de ma considération infiniment distinguée,

Louise Dauriat.

MARIE, OU L'IMITATION,

Par Francis Dazur.

Chez Charles Gosselin.

Un fait dominant, dans notre époque, c'est ce besoin profondément senti d'une réorganisation sociale : chacun sent que tout se transforme, arts, science, industrie ; mais, ce qui domine surtout, c'est le besoin d'un nouveau développement religieux. Ce n'est que par le sentiment religieux que peuvent s'accomplir de grandes choses : aussi, voyez combien notre société est froide, terne ; elle est dans l'attente de quelque chose de grand et de beau qui doit se révéler à elle ; comment ? c'est ce que nul ne sait, ni ne peut bien prévoir encore. Ces considérations me viennent à propos du roman que j'ai sous les yeux, car il est lui-même une manifestation de ce que je disais plus haut, que chacun sent que nous marchons à une rénovation sociale.

Dans ce livre, l'auteur a voulu mettre en présence l'ancienne croyance, combattue par les idées nouvelles. Il nous fait voir dans une faible jeune fille, à l'âme ardente et généreuse, toutes les douleurs de l'humanité dans la transition qui s'opère en ce siècle. Pour vous donner du moins quelque idée de son cadre, j'en tracerai une rapide esquisse.

Geneviève, jeune paysanne du Poitou, aux manières élevées autant que simples, semblait un être tellement à part, qu'elle était révérée partout le canton ; jusque là, que jamais homme de sa classe n'avait pensé qu'une jeune fille, au regard si pur, si céleste, put s'abaisser vers la terre pour aimer autre chose que son Dieu. Mais vint dans le pays un de ces jeunes hommes qui se croient tout permis envers les filles du peuple; il vit Geneviève. Sa beauté, son expression raphaélique firent sur lui une impression si profonde, qu'il ne crut pas pouvoir la tromper comme une autre. Comme elle ne demandait qu'à ne pas changer de condition, mais que seulement elle voulait pour son amour la sanction religieuse, il lui fut aisé de la satisfaire et de l'abuser par un mariage clandestin. Trois mois après il la quitta et elle n'en entendit plus parler que pour apprendre sa mort par un bulletin de la grande armée. Elle aurait voulu mourir aussi, mais elle avait une fille. La dame du château lui avait aussi donné la sienne à nourrir, et elle se consacra tout entière à ces deux enfans. Trompée dans son amour; elle eût voulu interdire l'amour à sa fille; elle lui donna le nom de Marie pour la consacrer en quelque sorte, et tout en elle tendait à ce but. Les deux sœurs de lait s'étaient liées au berceau d'une amitié rare; lorsque Mme d'Agange voulut mettre sa fille en pension à Paris, la séparation s'annonça tellement difficile, qu'on fut obligé d'emmener Marie et sa mère, qui obtint un gîte et de l'ouvrage dans le couvent du sacré cœur qui avait été choisi. Ce fut là qu'après quelques années encore de douleur, elle quitta cette vie, mais non sans avoir fait verser déjà bien des larmes à sa fille sur le malheur des passions, non sans lui avoir inspiré de prononcer le vœu de réclusion éternelle dans cet asyle protecteur. Sa compagne, Néline, qui n'avait pas la même imagination, prit cependant, mais avec plus de calme, la même résolution de se faire religieuse; madame d'Agange, avant de donner son consentement, voulut que le monde l'éprouvât pendant une année, et que, du moins, elle ne le quittât point sans le connaître. Néline apparut donc au milieu de tout ce qu'elle ignorait, belle et pure comme une vierge avec sa foi vive et profonde. C'est toujours un spectacle touchant que celui de la foi; elle met tant d'espoir et de pureté dans le regard. Néline fut entourée d'hommages; mais elle résista à tout; et, l'année d'épreuve expirée, elle rentra dans son couvent. Mais, là, elle ne put cacher à son amie un regret, une larme; elle avoua qu'elle aimait.... qu'elle aurait aimé, sans un obstacle insurmontable : « Il était.... philosophe! » Une idée vive, rapide, traversa la tête de Marie, celle de convertir Hyppolite Delamir. Il faudrait voir tous

les développemens de cette singulière idée pour croire à sa vrai-
semblance, et se laisser prendre au charme de cette imagination de
pensionnaire. Je craindrais de déflorer, en l'analysant davantage,
cette histoire d'une simplicité si originale et si passionnée; il faudrait
voir toutes les gradations de cette passion, dont l'amitié fut le premier mobile, dont une tombe reçoit les premiers aveux; et l'entrevue de la chapelle, entrevue peut-être unique, où Marie seule
voit celui qu'elle aime déjà, et qui la cherche, qui la sent près de
lui, sans pouvoir la découvrir. Il n'était pas sorti de l'amitié, lui; il
ne pouvait se passionner comme une femme sur des lettres, un idéal:
les hommes sont tous un peu Saint-Thomas. Il préférait Néline qu'il
avait vue; mais Néline l'ayant laissé sans espoir en prenant le voile,
il part et va se battre pour les Grecs, malgré la douleur de Marie.
C'est alors qu'elle répand à flots sa passion avec sa vie qui s'épuise.
Combattue entre son amour et le remords d'être infidèle à Dieu, aux
vœux qu'elle a faits au ciel et à sa mère; elle se meurt, et tombe dans
une sorte d'étrange folie, où ce ne sont pas ses idées qui se perdent
ou se dérangent, mais tous les rapports du temps et des choses ex-
térieures, qu'elle confond sans cesse, où elle ne se reconnait plus;
en sorte qu'elle semble habiter une région tout intellectuelle et au-
dessus de la nôtre. Pendant toute cette absence d'Hyppolite Delamir,
il n'y a plus d'événemens; l'histoire du cœur de la jeune fille remplit
tout; son amour, ses remords, ses utopies; tout l'intérêt roule sur
cette question, qui tient en haleine jusqu'à la fin: se verront-ils? ne
se verront-ils pas? la comprendra-t-il enfin? Oui, mais dans quel
moment! à quel prix! C'est ce qu'il faut voir dans l'ouvrage même,
qui se distingue par tant d'originalité, d'imprévue, de passion si
neuve et si déchirante.

On dit que l'auteur est une femme; je croirais même une très-
jeune fille; il a les défauts et les qualités de cet âge: le style
chaste et brûlant, la passion dans toute son ardeur, son innocence
et son illusion; mais aussi, ignorance complète du monde et de la
vie; longueur, diffusion; l'inexpérience se fait sentir à chaque instant;
il y a cependant des pages tracées d'une main très-ferme, et qui
font pressentir l'artiste et le penseur, autant que d'autres révèlent

les plus naïves inspirations de la nature. L'auteur ainsi que son héroïne ignore le monde, mais elle sait les choses de l'âme; pourtant comme elle est toute sympathie, il lui faut s'initier à ce monde, aimer, faire un pas dans la vie, sortir de son passé, des enseignemens de son éducation, pour recevoir ceux de son siècle et commencer à douter avec lui; de là l'initiation et ses douleurs. Quelle angoisse, lorsque venant à discuter sa foi adorée, elle se dit : Dieu n'a pu vouloir cela... Le petit nombre des élus, l'enfer qu'elle croit mériter et qui lui cause d'horribles terreurs, sont surtout ce qui la préoccupe, tant pour le genre humain que pour elle-même. Je ne puis m'empêcher de citer un passage à ce sujet : « Eh ! la nature » tout entière se soulève contre l'idée de la réprobation éter-» nelle. Ce n'est pas notre siècle qu'il faut en dépersuader ; n'est-il » pas au moment de répondre à l'ancienne autorité par l'autorité » de la conscience universelle, qui se transforme de proche en » proche ? Mais, douleur à ceux qui viennent en ces temps de tran-» sition ! quelles laborieuses ténèbres ! quelles oxillations ! quelles » anxiétés pour reconnaître sa route ! quels déchiremens ! quelles » angoisses avant que la crise soit accomplie, et qu'encore une fois » la lumière soit faite dans ce cahos. » Croyez-vous que celui qui a écrit ces lignes n'ait pas senti d'une manière vraie l'époque où nous vivons ? Oh ! ce sont bien les douleurs, les déchiremens qui attendent tous les êtres, les femmes surtout; aussi comme dans Marie il a bien résumé toutes ces douleurs ! La pauvre fille, elle aime avec idolâtrie, elle qui avait promis d'être l'épouse du Christ; elle se crut coupable, car son Dieu ne veut pas d'un amour partagé. Va, Marie, tu peux, tu dois aimer ; Dieu qui veut le bonheur de ses enfans, ne nous a pas donné cette faculté, pour que nous la comprimions, pour qu'elle nous soit une douleur continuelle. Dieu veut que nous aimions, non de l'amour qui se donne au poids de l'or, mais de l'amour reposant sur la sympathie vraie de deux êtres qui se sont choisis.

A côté de Marie si malheureuse, apparaît la calme figure de Néline, qui a mis tout son espoir en Dieu, et qui semble complètetement détachée de la terre. Ce caractère est consolant, mais ce n'est pas celui de la femme de notre époque ; il a pu s'en trouver dans les siècles de foi; mais aujourd'hui, toutes, comme Marie, éprouvent en elles ce travail qui s'opère dans l'humanité: lorsque le corps souffre les membres doivent s'en ressentir. Encore des douleurs, des luttes à soutenir, mais ensuite, l'avenir beau, radieux s'élevera, et tous seront heureux; aussi je dis avec l'auteur: « La mort ne » serait-elle donc pas la sentence irrévocable, qui fixe l'état éternel? » ne serait-elle qu'un degré vers une autre existence, libre encore, » capable de bien et de mal et de perfectionnement, en sorte que » ceux qui auraient succombé à l'épreuve en cette vie, fussent » admis à une seconde initiation? » Oh! oui j'accepte pour Marie, ce consolant espoir; elle revivra! elle poursuivra sa vie qui ne sera pas toujours comme celle que nous venons de lire, une initiation à la douleur, une lutte entre sa croyance et son amour, mais une hymne de reconnaissance et d'amour envers le créateur qui enfin la rendra heureuse, et lui révélera toute vérité.

Il y a dans ce livre des pages touchantes, sur le malheur de ces masses d'hommes qui long-temps furent asservies à des maîtres orgueilleux. L'auteur a compris toutes ces douleurs; il a appelé de tous ces vœux la régénération qui doit rendre tous les hommes heureux. Il a bien senti aussi la position des femmes; il faut entendre la sœur d'Hippolyte lorsqu'elle parle des devoirs des femmes: comme elle sent bien notre dignité, et en même temps, combien les hommes aux idées libérales en manquent envers nous.

Enfin pour résumer toute ma pensée, c'est un livre de conscience et de cœur qu'on lira avec émotion, et l'on sentira ses larmes couler au récit des douleurs de la jeune fille; mais à côté on trouvera la consolante espérance, et jamais on ne pourra en venir à douter de la bonté de Dieu. Ce livre lance dans l'âme un mélange d'impressions poignantes et douces: il finit par la rasséréner, car à notre époque où l'on croit si peu, où il y a tant de désespoir, on éprouve du bonheur à rencontrer des êtres pleins d'élan, de foi en Dieu et à l'humanité.

MARIE REINE.

SUZANNE,
CÉLESTINE, } *Directrices.*

EXTINCTION DE LA DETTE DU PÈR

Souscription du mois de novembre.

Mmes Caroline Béranger	2	f.
Suzanne	1	
Célestine	2	
Caroline Noël	5	
Victorine	2	
Veuve Telle	2	
Sophie Acrain	»	50 c.
Vincent	1	
Vainsart	»	50
Bazin	2	
Roncin	1	50
MM. Badié	1	
Donadieu	1	
Alexandre	2	
Cernu-le-Saulnier	2	
Dufflot	1	
De Dupart	1	
Froligères	1	
Une dame anonyme	2	
M. G... de Strasbourg	10	

La Femme Nouvelle,

TRIBUNE DES FEMMES,

Paraît deux fois par mois, par livraison d'une feuille ou plus.

PRIX POUR PARIS.		PRIX POUR LES DEPARTEMENS.	
2 fr. 50 c.	pour 3 mois.	3 fr. »	pour 3 mois.
5 »	pour 6 mois.	6 »	pour 6 mois.
10 »	pour l'année.	12 »	pour l'année.

Tome premier de la Tribune des Femmes, 1 vol. in-8°, 4f. et 5f. par la poste.

Rue des Juifs, N° 21 ; et chez JOHANNEAU, libraire, rue du Coq-St-Honoré.

AFFRANCHIR LETTRES ET ENVOIS.

FOI NOUVELLE — LIVRE DES ACTES, publié par les Femmes.

Prix — 1 fr. par mois.

A Paris, chez Mme. Marie Talon, au Cab. de lecture, rue Neuve-du-Luxembourg, n. 28.

AMOUR A TOUS, Journal de la Religion Saint-Simonienne, publié à Toulon.

A Toulon, rue de Pradel, n. 5.

A Paris, chez Johanneau, libraire, rue du Coq-Saint-Honoré.

LIBERTE,

Brochure in-8, par Pol Justus, publiée à Lyon, chez Mme. Dur—
place des Célestins.

A Paris, chez Johanneau, libraire, rue du Coq-Saint-Honoré.

Imp. de PETIT, rue du Caire, 6.

La Femme Nouvelle

TRIBUNE DES FEMMES.

> Notre bannière étant à la peine, il est juste qu'elle soit à l'honneur.
>
> JEANNE-D'ARC.
>
> Egalité entre tous de droits et de devoirs.

Tome Second. — 3.me Livraison p. 37—52.

PARIS,

AU BUREAU DE LA TRIBUNE DES FEMMES,
RUE DES JUIFS, N. 21.

ET CHEZ JOHANNEAU, LIBRAIRE, RUE DU COQ-SAINT-HONORÉ

Novembre 1833. — Deuxième année.

Car j'ignorais alors que le ciel à la Femme
Eût dit : « Tu grandiras pour aimer et souffrir ! »
Et qu'aimer et souffrir fût même chose à l'âme,
Et fût toujours mourir.

(M. WALDOR,

Dans ce siècle où tout s'éclaire et s'agrandit, se développe et s'étend, s'améliore et se multiplie, plusieurs choses sont restées dans l'oubli, et telles, qui semblent s'être améliorées, ne le sont que par la forme et non par le fait. J'en choisis une au hasard, mais qu nous touche de plus près, nous autres femmes ; je veux parler des convenances dans l'union des sexes. C'est vraiment une calamité, ce qui nous arrive. — Tenez, apercevez-vous cette jeune fille toute rayonnante de candeur, de jeunesse et de beauté ?... Oh ! ne vous y trompez pas, cette pâleur, qui s'est glissée sur cette physionomie expressive, n'est pas l'effet d'une maladie intérieure ; cela tient à une autre cause, et vous la devinerez peut-être, en voyant auprès d'elle ce jeune homme assidu et galant : ces deux êtres s'aiment, il n'y a pas à en douter ; mais la jeune fille, qui est d'une naissance obscure, (je ne reconnais d'obscur que le *vice* et le *crime*, et je ris de pitié des préjugés de ce vieux monde), et qui ne promet pas une dot considérable, a juré de ne pas avouer qu'elle l'adore. Voilà ce que lui dit la raison, ou, si vous voulez, la sagesse. Mais son amour ? Oh ! il parle différemment : son cœur veut aimer, lui ; il n'écoute rien et ne veut rien entendre, c'est un tyran qui veut régner en dépit des fortunes. O tendre fleur ! ta tige sera contrainte de rester courbée, tu seras comme une rose qui languit, ta matinée se sera effacée comme une ombre, et tu n'auras pas vécu un jour ! Le sort t'avait jetée dans les décombres, et là, éphémère, tu ne feras que paraître et disparaître. — Combien je déplore un tel état de choses ! Eh quoi ! ne pourrons-nous donc jamais dire ce que nous pensons ? Quand sera-t-il permis de dire, je t'*aime*, sans craindre le déshonneur ? Et cette tendresse aveugle nous porte quelquefois à recevoir l'amour de notre amant. Quand finira-t-elle de recevoir des noms aussi dégoûtans et faux ? Je l'ignore, mais je gémis. Combien de malheurs arrivent par ce fait, que de rêves évanouis, que d'espérances trompées, que d'avenirs brisés, que de corps au tombeau ! Ah ! je pense qu'on ne doute pas que ceci donne la mort, et une mort bien douloureuse. — Que de jeunes filles sont tombées avant le temps, pour avoir connu la tempête des passions. sans avoir trouvé le remède qui aurait pu les rappeler à la vie. Comme l'humble violette, elles se cachent sous la feuillée, et le voyageur ignorant ne fait que respirer leur parfum, sans chercher à les cueillir. Hélas ! périssez, roses d'amour ; on vous regrette, mais on ne vous sauve pas ; on vous admire, mais on vous laisse faner. Un temps viendra où les fleurs seront cultivées et précieusement savourées : alors ce sera un règne de bonheur et d'amour, les cœurs se seront compris, et il y aura harmonie dans la nature.

AMANDA.

Nous recommandons à nos lectrices une petite brochure extrêmement remarquable intitulée : *Liberté, femmes !* (par *Pol Justus* ; voir aux annonces.) Ce cri d'un artiste souffrant et s'impressionnant des douleurs de *la femme* a vivement ému les dames de *Lyon*. Plusieurs se sont réunies pour en voter l'impression.

Pendant qu'à Paris les *femmes*, encouragées par MM. les sociétaires des méthodes d'enseignement, lisent force discours, présentent sur l'instruction théories sur théories, les *femmes* de *Nancy agissent*, entrent dans la voie de la *pratique*. Plusieurs dames de cette ville viennent de former une association sous le titre d'*Athénée de bienfaisance*. Dans le système d'éducation, dont elles comptent faire jouir gratuitement cinquante jeunes filles, on remarque des idées élevées, et une conception plus large que tout ce qui a été tenté jusqu'à ce jour. Nous regrettons que le nom adopté par cette société ne soit pas en harmonie avec les idées progressives énoncées par ces dames : ce mot de *bienfaisance* rappelle trop *l'aumône chrétienne*, et tend par conséquent à rabaisser celle qui *reçoit* ; évitons de flétrir la fleur dans son bouton. Malgré ce léger défaut de forme, nous désirons bien vivement que cet exemple soit imité, que partout les femmes se conçoivent des associations semblables. En attendant que le vœu exprimé par Mlle *Mazure*, dans les séances de la rue Taranne, soit réalisé, qu'il existe une école normale d'institutrices capables de vérifier la science et de la répandre ensuite sur notre sexe, recevons encore de *l'homme l'instruction des mots* ; mais partout, femmes, élevons-nous à la hauteur de notre époque, rentrons dans nos droits, emparons-nous de l'*éducation morale* : que le développement de notre *cœur*, de notre *volonté*, de toutes nos *facultés* soit dirigé par nous : c'est le seul moyen d'être réellement ce que DIEU nous a faites. Les hommes alors ne redouteront plus autant le *laissez faire* des femmes, lorsqu'ils comprendront, en les voyant ainsi agir, qu'elles ne veulent employer la part d'influence active qu'elles réclament, que d'une manière sociale au profit de toutes et de tous.

Une circulaire destinée à fixer d'une manière précise les principes de cette société de femmes, éminemment progressives, nous étant parvenue, je suis heureuse d'avoir à consigner dans *notre Tribune* un acte de cette importance, exécuté en dehors de l'influence masculine. Nous désirons que beaucoup de faits de cette nature viennent se révéler à nous et donner à cette brochure l'intérêt et le caractère d'*Archives de la Femme*.

SUZANNE.

ATHÉNÉE DE BIENFAISANCE.

Toutes les personnes instruites, qui ont réfléchi sur les différens systèmes d'éducation suivis généralement en France, les ont trouvés pour la plupart vicieux et incomplets; mais c'est dans l'éducation des femmes surtout que ces défauts sont le plus remarquables. Il semblerait, à voir l'uniformité des études auxquelles on condamne nos jeunes filles, qu'elles sont toutes taillées sur le même patron, qu'elles ont toutes la même vocation et la même capacité ; il semblerait qu'elles sont organisées de la même manière. Ce sont toujours les mêmes sciences qu'on veut leur faire apprendre, les mêmes talens qu'on cherche à leur donner, sans avoir pesé d'abord l'utilité des études qu'on leur impose, l'agrément qu'elles trouveront plus tard dans l'exercice d'un art pour lequel elles n'ont souvent aucune aptitude. Déjà, dans les premiers pensionnats de Paris, on a cherché à jeter une variété plus grande dans l'éducation des jeunes filles ; on leur enseigne quelques sciences, mais de la manière la plus superficielle et la plus incomplète; on se contente de leur donner quelques définitions sans règles, sans principes et sans aucune liaison, de manière qu'elles apprennent avec peine des choses qu'elles oublient tout de suite et dont elles ne peuvent tirer aucun parti. Il semble qu'on leur montre la science de loin et qu'on leur dise: voilà ce que les hommes étudient, voilà ce qu'ils approfondissent, mais ce que vous n'êtes pas capables de comprendre, on vous le montre seulement pour vous faire connaître votre infériorité.

Nous ne saurions partager des idées si étroites et si mesquines ; nous nous en indignons. Nous pensons que les femmes sont assez bien organisées pour rivaliser avec les hommes dans la culture des sciences et dans tous les travaux de l'esprit. On les croit, en général, frivoles; elles le croient elles-mêmes ; mais c'est une erreur: l'éducation seule, et non la nature, leur donne ce défaut. Elles ont, au contraire, des goûts plus sérieux, des habitudes plus sédentaires ; elles se livrent à des ouvrages de patience que l'homme n'oserait entreprendre et qu'il saurait encore moins achever.

Si vous joignez à ces dispositions, qui les rendent très propres à la culture des sciences, un coup-d'œil rapide et juste, un esprit fin, un tact parfait, une imagination des plus actives, vous comprendrez quels pas immenses peut faire le sexe féminin dans une carrière dont, jusqu'ici, il a été presque tout-à-fait exclus. Il serait possible que les femmes n'étudiassent pas de la même manière que l'homme; il serait possible qu'elles apportassent dans leurs études un genre particulier dû à l'organisation de leur sexe; mais qu'importe? Leur manière vaudrait bien, sans doute, celle des hommes: en travaillant la même science autrement qu'eux, elles obtiendraient probablement des résultats nouveaux et inattendus. Il n'y a pas une seule et unique façon de bien faire; sans peindre justement comme peignait Raphaël, Rubens n'en composait pas moins de sublimes tableaux. Si j'appuyais ce système de l'exemple des femmes célèbres, qui non-seulement ont cultivé les lettres, mais encore les sciences les plus abstraites, on me ferait sur-le-champ une objection banale, on me dirait : ces femmes sont de rares exceptions. C'est vrai, mais pourquoi? Parce que c'est aussi par de rares exceptions qu'on a fait faire aux femmes de passables études.

S'il en était autrement, il y aurait, et sans aucun doute, autant de génies parmi les femmes qu'il y en a parmi les hommes, et par conséquent les progrès de chaque siècle auraient été doublés, et la civilisation serait deux fois plus avancée qu'elle ne l'est aujourd'hui. La société aurait marché avec une rapidité que nous ne saurions concevoir : c'est qu'indépendamment de leurs travaux particuliers, indépendamment de l'influence que leurs goûts ont sur les hommes et de la tendance qu'elles peuvent imprimer, les femmes sont encore les premières institutrices des deux sexes. L'enfant est doué d'une mémoire qu'il n'aura plus dans un autre âge; il est curieux et questionneur à l'excès; si sa mère était instruite, au lieu de remplir son esprit d'une foule d'erreurs et de préjugés, elle graverait d'une manière indélébile dans sa mémoire, si jeune, si fraîche et si puissante, une quantité de connaissances que plus tard il n'aurait plus besoin d'apprendre ; et l'enfant, en commençant ses études, aurait déjà une masse de science recueillie sans peine au milieu des caresses et des embrassemens maternels.

Il faut donc organiser, pour les jeunes filles et pour les dames, des cours assez variés, pour que chacune puisse choisir la science qui lui convient. Il faut rendre les cours assez forts pour qu'ils puissent être dans la suite de quelque utilité. Il vient de se former dans notre ville une société pour atteindre ce but, et déjà elle a pris ses mesures pour ouvrir, à la rentrée prochaine, des cours de littérature, d'histoire, de physique et d'astronomie, de chimie et d'histoire naturelle comprenant la zoologie, la botanique et la minéralogie.

Les jeunes filles qui fréquenteront ces cours à titre d'élèves seront tenues à une rétribution de 5 fr. par mois. Les dames qui désireront s'associer à cette œuvre utile, ou qui voudraient accompagner leurs filles, seront considérées comme associées; elles administreront l'établissement, soit par elles-mêmes, soit par le moyen de commissaires qu'elles choisiront parmi elles. Les dames associées donneront une rétribution de 25 francs par an; elles pourront, si elles le jugent convenable, former entr'elles une association scientifique, une espèce d'athénée.

Les professeurs donnant leurs cours gratuitement, l'établissement sera probablement en mesure de recueillir des fonds considérables, et ces recettes seront appliquées à l'éducation des jeunes filles pauvres, auxquelles on donnera une instruction en rapport avec leur position sociale. Indépendamment de la lecture, l'écriture et le calcul, on leur apprendra un état; les dames associées, qui seront seules chargées de la direction de cette partie de l'établissement et de la surveillance, verront s'il est possible de prendre ces jeunes filles en pension entière, ou s'il faut se contenter pour elles de la formation d'une école.

Nancy......, etc.

LA DOUBLE MÉPRISE,

PAR MÉRIMÉE.

Nous n'avons guère coutume de nous occuper de littérature dans ce journal, consacré tout entier à l'œuvre à laquelle nous-mêmes avons dévoué notre vie, sans reculer devant les douleurs et les mépris dont nous abreuve le monde que nous voulons sauver; cependant, souvent un livre et surtout un roman nouveau, en racontant tout simplement ce que son auteur a vu ou senti, vient nous donner une grande révélation; la littérature romancière est un vaste hôpital; de tous côtés on entend des cris de douleur; ici c'est un cri de femme, aigu et profond; celui-là nous remue jusqu'au fond des entrailles; plus loin, c'est le satanique éclat de rire d'un homme qui veut nous montrer comment il tue bien sa victime, et dans ce rire, il y a encore de la douleur, car la lutte est pénible même au vainqueur; et nous voulons arrêter le rieur au passage, non pour le punir, hélas! la *femme* ne demande pas de vengeance, elle est la *miséricorde de DIEU*, mais pour le guérir en même temps que sa victime.

M. Mérimée est dans ce dernier cas, et ce n'est pas seulement le cri de Mme de Chaverny que nous avons entendu dans sa charmante nouvelle, mais celui de Darcy; mais je dois me rappeler que toutes mes lectrices n'ont pas plus que moi le temps de lire des romans, et comme c'est presque par hazard, et par suite d'une ancienne affection pour CLARA GAZUL que j'ai lu celui-ci, la même chose ne leur est peut-être pas arrivée.

La scène s'ouvre plusieurs années après le mariage de Mme de Chaverny; elle est belle, bonne, aimante, et son mari s'est complètement installé dans son rôle de mari, négligeant complètement de plaire, n'aimant pas, se livrant à tous les genres de dissipation, et réclamant, quand bon lui semble, ses droits d'époux, qu'il pourrait se faire accorder *de par la loi*, mais auxquels sa femme se soustrait par la ruse: car, près de cette femme délicate, qui avait rêvé d'a-

mour et de bon heur, comme toutes les jeunes filles, un mari comme
de Chaverny ne peut échapper à la haine que par l'indifférence; Julie,
Mme de Chaverny, est donc à peu près indifférente pour son mari ;
ils font ce qu'on appelle je crois, *bon ménage*, n'ayant rien de commun que la table et le nom.

Mme de Chaverny n'aime pas : entourée de toutes les douceurs de la
vie élégante, elle s'ennuie parfois, sans trop savoir pourquoi, sans
même le chercher ; il est si naturel de s'ennuyer; quelquefois aussi
elle se prend à regretter sa vie de jeune fille, et alors le souvenir
d'un aimable jeune homme, à l'air mélancolique, qui l'aima sans
doute, mais n'osa le lui dire parce qu'il n'était pas riche, ce souvenir revient, disons-nous, doux quoique triste, et presque sans
regret.

Un bon jeune homme, M. de Châteauneuf aime Mme de Chaverny;
il ne l'aime pas violemment; et, si même il n'était pas convenu
qu'entre une femme et un homme toute affection est de l'*amour*,
Châteauneuf aurait seulement une amitié de frère pour Julie; il est
soigneux de sa réputation ; il aime à être près d'elle, et ce ne serait
que pour se conformer à l'usage, qu'il lui ferait une déclaration :
cette déclaration ne se fait pas, toutefois, et le souvenir de cette
femme restera dans le cœur de Châteauneuf comme une apparition
angélique; ce n'est pas à lui qu'appartiendra l'*honneur* de flétrir
cette fleur.

Au milieu d'un cercle, à la campagne, on annonce Darcy, le
jeune homme avec lequel a joué Julie, enfant, et dont la pensée lui
revenait doucement; Darcy a fait rapidement son chemin dans la diplomatie: or la gent diplomate, est, on le sait, haineuse et froide; puis,
ce jeune homme a souffert, il retrouve, mariée à un imbécille, la
femme que *lui*, homme de cœur et d'esprit, eût désirée entre toutes ;
elle qui eut son premier, son seul amour peut-être : il est ulcéré,
il se vengera, quand et comment, il ne sait; mais il commence par
se faire regretter, et pour cela il étale les trésors de son esprit et
de son imagination ; il n'aime plus Julie, mais elle ne l'a pas aimé ;
il est piqué au jeu, et Châteauneuf, qui lui semble un amant, le révolte autant que Chaverny.

L'occasion sert Darcy. Mme de Chaverny est partie seule dans sa voiture ; elle retourne à Paris dont elle est à six lieues, et sa voiture, mal conduite par un cocher ivre, est versée et brisée dans un fossé, quand Darcy, qui retourne aussi à Paris, vient à passer. Mme de Chaverny monte dans sa voiture, non sans terreur ; elle souffre ; son ancien amour pour Darcy s'est ravivé, elle tremble de se trouver tête à tête avec lui. Darcy s'aperçoit de son embarras, et ayant vu la flèche qui est au fond de son cœur, il la retourne à plaisir, parlant d'abord de ses rêves d'enfant, tout pleins de Julie, puis de M. de Chaverny, jusqu'à ce que la pauvre femme, fondant en larmes, tombe la tête sur son épaule. Elle est à lui, il le sent ; mais le triomphe doit être complet ; il joue avec elle comme un chat avec le moineau qu'il a saisi, jusqu'à ce qu'enfin fascinée, elle se jette elle-même dans ses bras, alors il la *prend de sang froid*. Il ne l'avait pas désirée ; c'est une vengeance qu'il exerce.

Maintenant voilà la question de la femme dans toute son horreur : Mme de Chaverny *s'est oubliée*, Darcy *a calculé*, et quand il se serait oublié, qu'importe, il en a le droit ; il en ferait trophée au besoin ; mais la *femme*, la *femme*, *elle* est déshonorée, *elle* doit mourir, car son sort dépend de cet homme maintenant, et il ne l'aime pas, et elle-même ne l'aime pas. Il y a eu dans l'acte qu'elle a commis, si toutefois on peut appeler acte une faiblesse exploitée par un homme sans délicatesse, évanouissement momentané de la raison et de la volonté, dans lequel une femme est aussi respectable que dans un évanouissement physique, respectable comme tout ce qui est sans défense, comme l'enfance ou la folie ; il y a, disons-nous, dans cet acte un germe de mort pour elle. Livrée à elle-même, elle voit toute l'horreur de sa position : comment revoir Darcy, et comment refuser de le voir ? N'est-elle pas son esclave maintenant ? N'a-t il pas le droit de révéler sa honte à toutes et à tous. Une fièvre violente s'empare d'elle, elle meurt seule dans une misérable auberge, car elle a voulu partir ; elle n'a pu supporter la pensée de revoir un mari qu'elle a offensé et surtout l'homme avec lequel elle a failli. Tout le monde ignore la cause de sa mort et la tombe se referme encore une fois sur une poignante douleur de femme.

Voilà une terrible histoire que M. Mérimée vous conte en riant, mais en riant diaboliquement, sans gaité, en froid observateur. Oh! jeune homme, jeune homme, les cris des femmes n'ont-ils pas été jusqu'à ton cœur? N'as-tu pas senti leurs douleurs? Ou plutôt, fallait-il que tu prisses cette forme pour constater l'inégalité monstrueuse qui existe entre l'homme et la femme, qui fait que la gloire de l'un est le déshonneur de l'autre? Oh! jeune homme, dis-lui, à tout ce beau monde que tu connais si bien, que tu amuses tant et auquel par conséquent tu as le droit de dire la vérité, dis-lui que loin de lui, rejetés par lui, il y a des hommes et des femmes qui veulent la guérison de toutes ces douleurs, qui veulent que Darcy soit bon en le rendant heureux d'abord, qui ne veulent pas qu'une noble créature meure pour s'être oubliée un moment : dis-leur surtout qu'ils ont éteint l'amour sous le raisonnement, que l'amour est le plus beau présent de DIEU, et que nous venons au nom de notre DIEU, PÈRE et MÈRE de l'humanité, le leur rapporter. Aide-nous, aide-nous, jeune homme, et DIEU te récompensera, et ta vie décolorée, si je ne me trompe, refleurira fraîche et belle, et de rians sujets se presseront sous ta plume, car tu es poëte, et le poëte est prophète et lisant dans l'avenir; tu nous peindras le bonheur, et, suivant ta Julie dans une autre vie, tu nous la montreras toujours belle, plus belle qu'elle ne le fut, car elle ne sera plus fanée par le chagrin, tu nous la montreras répandant à flots la joie, le bonheur et l'amour sur tout ce qui l'entourera, bénie et heureuse, car la bonté et la beauté qui lui furent données par DIEU ne seront plus pour elle des motifs de chute, mais de gloire.

Je terminerai ici cet article qu'on accusera sans doute de n'être encore que la critique, la plainte de ce qui est; mais l'avenir ne peut être nettement décrit; surtout il ne peut être raconté puisqu'il n'a pas été. Liberté, égalité de l'homme et de la femme, voilà mon seul vœu; liberté, mais non licence; égalité, et non parité; on ne peut trop insister sur ces distinctions, aujourd'hui que nos ennemis ont élevé la voix de manière à étouffer la nôtre qui, grâce à eux, n'arrive qu'avec peine aux oreilles de nos amis.

Pauline.

VICO.

Bien qu'il conteste aux Égyptiens la haute antiquité où ils prétendent, « nous ne profiterons pas moins, dit-il, de leurs antiquités. Il nous en reste deux grands débris aussi admirables que leurs pyramides. Je parle de deux vérités historiques dont l'une nous a été conservée par Hérodote : 1° ils divisaient tout le temps antérieurement écoulé en trois âges, *âge des Dieux*, *âge des Héros*, *âge des Hommes*; 2° pendant ces trois âges, trois langues correspondantes se parlèrent; langue hiéroglyphique ou *sacrée*, langue symbolique ou *héroïque*, langue *vulgaire*, celle dans laquelle les hommes expriment par des signes convenus les besoins ordinaires de la vie. » Ces deux vérités vont servir de base à Vico pour expliquer l'antiquité païenne : «.... nous ne craignons pas d'y pénétrer, dit-il, comme dans un champ sans maître, qui appartient au premier occupant. »

Et d'abord il se gardera de chercher l'origine des choses dans tel ou tel peuple, mais il la cherchera dans la nature humaine.

Il la cherchera dans le *sens commun*, qui est un jugement sans réflexion partagé par tout le genre humain. « Des idées uniformes nées chez des peuples inconnus les uns aux autres, dit-il, doivent avoir un motif commun de vérité. » Grand principe d'après lequel le sens commun du genre humain est le *criterium* indiqué par la providence aux nations pour déterminer la certitude dans le droit naturel des gens. On arrive à cette certitude en connaissant l'unité, l'essence de ce droit auquel toutes les nations se conforment avec diverses modifications. — Le même axiôme enferme toutes les idées qu'on s'est formées jusqu'ici du droit naturel des gens; droit qui, selon l'opinion commune, serait sorti d'une nation pour être transmis aux autres. Cette erreur est devenue scandaleuse par la vanité des Egyptiens et des Grecs, qui, à les en croire, ont répandu la civilisation dans le monde. »

Vico établira de même que le monde social est l'ouvrage des hommes. « Tout homme qui réfléchit, dit-il, ne s'étonnera-t-il pas que les philosophes aient entrepris sérieusement de connaître le *monde de la nature* que Dieu a fait et dont il s'est réservé la science, et qu'ils aient négligé de méditer sur ce *monde social* que les hommes peuvent connaître, puisqu'il est leur ouvrage. Cette erreur est venue de l'infirmité de l'intelligence humaine. Plongée et comme ensevelie dans le corps, elle est portée naturellement à percevoir les choses corporelles, et a besoin d'un grand travail, d'un grand effort pour se comprendre elle-même; ainsi l'œil voit tous les objets extérieurs, et ne peut se voir lui-même que dans un miroir. —Puisque *le monde social est l'ouvrage des hommes*, examinons en quelle chose ils se sont rapportés et se *rapportent toujours*. C'est de là que nous tirerons *les principes qui expliquent comment se forment, comment se maintiennent toutes les sociétés*, principes universels et éternels, comme doivent être ceux de toute science. — Observons toutes les nations barbares ou policées, quelque éloignées qu'elles soient de temps ou de lieu : elles sont fidèles à trois coutumes *humaines* ; toutes ont une *religion* quelconque, toutes contractent des *mariages solennels*, toutes *ensevelissent* leurs morts. Chez les nations les plus sauvages et les plus barbares, nul acte de la vie n'est entouré de cérémonies plus augustes, de solennités plus saintes que ceux qui ont rapport à la *religion*, aux *mariages*, aux *sépultures*. Si les idées uniformes chez des peuples inconnus entre eux doivent avoir un principe commun de vérité, Dieu a sans doute enseigné aux nations que partout la civilisation avait eu cette triple base, et qu'elles devaient à ces trois institutions une fidélité religieuse, de peur que le monde ne redevînt sauvage et ne se couvrît de nouvelles forêts. C'est pourquoi nous avons pris ces trois coutumes éternelles et universelles pour *les trois premiers principes de la science nouvelle.* »

Les hommes, alors géans échappés au déluge, furent épouvantés du bruit du tonnerre, quand les orages se reformèrent. Selon la belle expression de Vico, c'est à la lueur des éclairs qu'ils virent cette grande vérité, que *Dieu gouverne le genre humain.* La crainte régla leur barbarie ; le gouvernement divin s'établit ; les hommes dépendent de Jupiter, maître du tonnerre ; ce gouverneur théocratique fut cruel : régnant par la terreur, il porta le caractère ignorant et féroce du temps ; mais il prépara la voie à l'homme. Ce fut l'origine de la religion et l'âge des Dieux.

Cet âge s'améliora. Les hommes, ayant perdu la taille de géans par la difficulté de leur vie, cherchèrent à se fixer, et entraînèrent chacun une femme dans des cavernes. Ici naquit le mariage et la famille ; ici naquit la société. Les pères alors gouvernèrent au nom des Dieux par les auspices ; c'est le temps des patriarches. Les hommes qui étaient restés errans se réfugièrent plus tard auprès des pères de famille ; ils devinrent leurs serviteurs ; ils forment le peuple, et bientôt, se révoltant contre leurs maîtres injustes, ceux-ci, ligués ensemble, devinrent des héros et fondèrent l'aristocratie.

C'est ici l'âge *héroïque*, dont Achille représente le caractère. Il est aussi religieux.

Dans l'âge *humain*, où la religion conserva son empire, s'établirent la démocratie, puis la royauté. Les Plébéiens, opprimés par l'aristocratie, lui disputent longtemps les droits où leurs progrès leur permettaient d'aspirer ; ils triomphèrent enfin ; mais la Providence voulut que le cens fût la règle des honneurs, et qu'ainsi les industrieux et prévoyans les obtinssent, et non pas les prodigues ou les paresseux. Quand la république dégénère en anarchie, alors il s'élève du milieu des peuples un homme tel qu'Auguste, qui établit la monarchie ; ou bien l'invasion d'un peuple étranger, ou bien sa propre destruction, régénère une nation.

« De cette manière, dit-il, la science nouvelle trace le cercle éternel d'une *histoire idéale*, sur lequel tournent *dans le temps les histoires de toutes les nations*, avec leur naissance, leurs progrès, leur décadence et leur fin. Nous dirons plus : celui qui étudie la science nouvelle se raconte à lui-même cette histoire idéale, en ce sens, que, *le monde social étant l'ouvrage de l'homme, et la manière dont il s'est formé devant, par conséquent, se retrouver dans les modifications de l'âme humaine,* celui qui médite cette science s'en crée lui-même le sujet. Quelle histoire plus certaine que celle où la même personne est à la fois l'acteur et l'historien ? Ainsi, la science nouvelle procède précisément comme la géométrie, qui crée et contemple en même temps le monde idéal des grandeurs. Mais la science nouvelle a d'autant plus de réalité, que les lois qui régissent les affaires humaines en ont plus que les points, les lignes, les superficies et les figures. Cela même montre encore que les preuves dont nous avons parlé sont d'une espèce *divine*, et qu'elles doivent, ô lecteur, te donner un plaisir *divin* ; car, pour Dieu, connaître et faire, c'est la même chose. »

Après un développement d'idées, dont il est impossible ici de suivre la force et l'originalité, « concluons, dit-il, tout ce qui s'est dit en général pour *établir les principes de la science nouvelle*. Ces principes sont : *la croyance en une providence divine, la modération des passions par l'institution du mariage*, et le dogme de *l'immortalité de l'âme*, consacré par l'usage des *sépultures* : son criterium est la maxime suivante : *ce que l'universalité ou la pluralité du genre humain sent être juste doit servir de règle dans la vie sociale*. La sagesse *vulgaire* de tous les législateurs, la sagesse *profonde* de tous les plus célèbres philosophes, s'étant accordée pour admettre ces principes et ce criterium ; on doit y trouver les bornes de la raison humaine : et quiconque veut s'en écarter doit prendre garde de s'écarter de l'humanité tout entière. »

Le droit et la jurisprudence suivirent la marche des hommes. Né avec l'idée de Jupiter, le droit, d'abord divin, fut cherché dans les oracles, dans la divination comme, au moyen âge, il le fut dans l'eau, le feu, le duel. Les peines furent atroces. Dans l'âge héroïque, le droit fut celui de la force ; la jurisprudence continua d'être superstitieuse, se tenant à la lettre des choses, imitant la précision et la prudence d'Ulysse. Les peines furent cruelles. Les hommes étant alors naturellement poètes, ces deux premières jurisprudences furent toutes poétiques ; elles s'exprimèrent par fictions et par images. « Ainsi, dit-il, tout l'ancien droit romain fut un poème sérieux que les Romains représentaient sur le Forum, et l'ancienne jurisprudence fut une poésie sévère. A l'âge humain, le droit fut dicté par la raison. On chercha l'esprit de la loi, et il fut reconnu, sous l'empire romain, que *tout motif particulier d'équité prévaut sur la loi.*

« La jurisprudence *divine* et l'*héroïque*, propres aux âges de barbarie, s'attachent au *certain*; la jurisprudence *humaine*, qui caractérise les âges civilisés, ne se règle que sur le *vrai.* »

Vico insiste sur la fausseté des interprétations qu'on a données à la poésie et à la mythologie antiques, qui n'étaient que de l'histoire. Les poètes retraçaient l'histoire sans arrière-pensée. Frappés des beautés du monde, avec des imaginations neuves, ils écrivirent ce qu'ils voyaient, ce qu'ils entendaient, ils firent des récits pour charmer les hommes. Plus tard, on leur chercha une signification qu'ils n'avaient pas, et l'on reporta aux auteurs de la sagesse vulgaire les découvertes de la sagesse philosophique. » Cette haute estime dont la sagesse poétique a joui jusqu'à nous, dit-il, est l'effet de la *vanité des nations*, et surtout de celle *des savans*. De même que Manethon, le grand-prêtre d'Égypte, interpréta l'histoire fabuleuse des Egyptiens par une haute *théologie naturelle*, les philosophes grecs donnèrent à la leur une interprétation *philosophique*. Un de leurs motifs était, sans doute, de déguiser l'infamie de ces fables, mais ils en eurent plusieurs autres encore. Le premier fut leur respect pour la religion: chez les Gentils, toute société fut fondée par les fables sur la religion. Le second motif fut leur juste admiration pour l'ordre social qui en est résulté et qui ne pouvait être que l'ouvrage d'une sagesse surnaturelle. En troisième lieu, ces fables, tant célébrées par leur sagesse, et entourées d'un respect religieux, ouvraient mille routes aux recherches des philosophes, et appelaient leurs méditations sur les plus hautes questions de la philosophie. Quatrièmement, elles leur donnaient la facilité d'exposer les idées philosophiques les plus sublimes, en se servant des expressions des poètes, héritage heureux qu'ils avaient recueilli. Un *dernier* motif assez puissant à lui seul, c'est la facilité que trouvaient les philosophes à consacrer leurs opinions par l'autorité de la sagesse poétique et par la sanction de la religion. De ces cinq motifs, les deux premiers et le dernier impliquaient une louange de la sagesse divine qui a ordonné le monde civil et un témoignage que lui rendaient les philosophes, même au milieu de leurs erreurs. Les troisième et le quatrième étaient autant d'artifices salutaires que permettait la providence, afin qu'il se formât des philosophes capables de la comprendre et de la reconnaître pour ce qu'elle est, un attribut du vrai Dieu. Nous verrons que tout ce que les poètes avaient d'abord *senti*, relativement à la *sagesse vulgaire*, les philosophes le *comprirent* ensuite, relativement à *une sagesse plus élevée*, de sorte qu'on appellerait avec raison les premiers, *le sens*, les seconds, l'*intelligence* du genre humain. On peut dire de l'espèce ce qu'Aristote dit de l'individu : *il n'y a rien dans l'intelligence qui n'ait été auparavant dans le sens ;* c'est-à-dire que l'esprit humain ne comprend rien que les sens ne lui aient donné auparavant occasion de comprendre. L'*intelligence*, pour remonter au sens étymologique, *inter legere, intelligere*, l'intelligence agit, lorsqu'elle tire de ce qu'on a *senti* quelque chose qui ne tombe point sous les *sens.* » On peut appliquer ce que dit Vico de la mythologie grecque aux religions de l'Asie. Dans l'Inde, dans la Perse, dans l'Asie mineure, on a tant forcé le sens des mystères, qu'on ne sait plus les retrouver dans leur première simplicité.

GERTRUDE.

(La suite au numéro prochain.)

SUZANNE,
CÉLESTINE,   } *Directrices.*

ERRATA.

Page 32, au lieu de *Marie, ou l'imitation;* lisez *Marie, ou l'initiation.*

EXTINCTION DE LA DETTE DU PÈRE.

Souscription du mois de novembre.

Mmes Pauline	3 f.	
Mathieu	2	
Une dame anonyme	2	
MM. Courageant	1	
Renaud	1	
Roncin	1	50
Lotellier	»	50
Padié	1	

DE NANCY.

Mme Vautrin-Lenoir	2	
MM. Lagrue	1	
Georges	»	50
Nublet	»	50
Laurent	»	50
Peltres	3	
Ferry	1	

La Femme Nouvelle.

TRIBUNE DES FEMMES.

Notre bannière étant à la peine, il est juste
qu'elle soit à l'honneur.

JEANNE-D'ARC.

Égalité entre tous de droits et de devoirs.

Tome Second — 4ᵐᵉ Livraison. p. 55-72.

PARIS,

AU BUREAU DE LA TRIBUNE DES FEMMES,
RUE DES JUIFS, N° 24,

ET CHEZ JOHANNEAU, LIBRAIRE, RUE DU COQ-SAINT-HONORÉ.

Décembre, 1833. — Deuxième année.

SOCIÉTÉ DES MÉTHODES D'ENSEIGNEMENT.

Conférences des 22 octobre et 26 novembre 1833.

Les séances de la rue Taranne se continuent paisiblement, sans
encombre; nul changement important; bon nombre d'auditeurs bé-
névoles accourt chaque mois user quelques heures à ce spectacle
d'un nouveau genre, payant leur tribut par des bravos exprimés plus
ou moins bruyamment. De mois en mois, le nombre des discours,
dans lesquels on reconnait évidemment l'intention de résoudre la
question proposée, s'augmentant de plus en plus, le temps destiné
à la discussion improvisée se trouve entièrement absorbé; ce qui
faisait dire à la dernière séance, par une de mes voisines, ennuyée
de cette excessive lenteur, « que, si ces messieurs n'allaient que de
la sorte, elle estimait, par un calcul approximatif, que les améliorations apportées à notre sort pourraient bien, dans une cinquantaine
d'années, recevoir un commencement de réalisation. » Il est vrai :
malgré qu'il soit impossible de ne pas reconnaître dans MM. les
sociétaires beaucoup de bienveillance pour notre cause, les résultats de quatre mois de conférences se réduisent à..., zéro... A moins
cependant que l'on n'envisage comme une amélioration sensible à
notre sort un volume de discours, faits et gestes des interlocuteurs
des susdites séances, précieusement recueillis, et que l'on va incessamment offrir à *messire public*, bigarrures d'un genre tout-à-fait
neuf, digne, par cela même, d'être soumis à la révision de ce souverain juge, pour lequel je professe un respect non moins profond

1.   4

que M. le secrétaire de la Société des Méthodes. On dit que dans une assemblée de deux cents personnes, nombre à peu près égal aux individus qui se pressent dans la salle Taranne, sont représentées toutes les nuances passionnées de la grande société. Si cela est vrai, nous devons avoir bon espoir. Comme MM. des Méthodes restent neutres, et s'en sont référés au public pour le prononcé du jugement à rendre dans cette circonstance, il ne peut que nous être avantageux, si j'en juge par le petit cercle; car il n'y est tenté si chétif effort qui n'y soit applaudi. Que l'on ne pense pas cependant, en lisant ces derniers mots, que l'opposition manque au triomphe de notre cause; certes, à la salle Taranne, nous avons des opposans, et de très-énergiques, encore. Je citerai les deux principaux qui se sont fait entendre dans les deux dernières séances. Le premier, M. *Vivier*, s'est exprimé avec beaucoup de chaleur et d'un ton très-élevé; le premier mot de son discours est : « *Femmes, espérez ; espérez en la presse!* » Après ce superbe début, vous croyez qu'il va continuer sur ce ton? Erreur! Il nous fait bien encore quelques légères concessions; mais son bon vouloir s'arrête pour nous à la politique; il refuse à la femme, mais là, bien positivement, le droit de s'en occuper; pour lui, la politique se personnifie dans *Mirabeau*, et, comme la *femme* n'est pas pourvue, comme son héros, d'une superbe tête de lion et d'une voix de stentor, il reste pour lui démontré qu'il n'y a pas en elle aptitude pour s'occuper de politique. Ne parlez pas à M. Vivier de cette politique nouvelle, déjà comprise par les journaux avancés, qui n'est autre chose que les intérêts positifs de la vie agrandis et régularisés: ne lui dites pas que la politique qu'il prise si haut tend incessamment à changer de forme ; que les peuples, commençant à s'aimer et sentant qu'en eux est la *force* et la *vie*, bientôt en viendront à comprendre que la guerre est *immorale*, *impie*; que cette force immense, qu'absorbent l'orgueil et l'ambition des gouvernans, doit être employée désormais à soumettre le globe, à le fertiliser, à l'embellir à leur profit. C'est alors que la politique étant basée sur le *travail* exécuté socialement, sur une vaste échelle, et les relations des peuples s'établissant par des échanges de *produits*, la *femme* pourra entrer dans la politique comme dans *tout*: elle y pénétrera avec son caractère *conciliant, enthousiaste, inspira-*

teur. Alors on y comprendra *sa place*... Eu attendant, tout cela n'est point l'affaire de M. Vivier; il ne vous écoutera pas: Tarare! Il n'y a point là, pour lui, de tête de lion!...

Notre second antagoniste a fait son apparition dans la séance du 26 novembre. Oh! je suis loin d'établir un parallèle entre MM. Vivier et Dharot; celui-ci est étonnant de véhémence, il ne peut être comparé qu'à lui-même; il nous a fait subir un très-long discours, non-seulement *rococo*, *pompadoue*, mais encore *anti-social*. Il a soulevé dans l'assemblée l'indignation générale. Deux femmes ont protesté contre la manière injurieuse dont il ravalait les femmes qui réclament *droits* et *places*. Par la répulsion générale qu'il a excitée, il a prouvé une chose dont il ne parait pas se douter: c'est que notre liberté *est* dans les *mœurs*, et que bientôt, par conséquent, elle sera dans nos *lois*. Comme cet homme est trop loin de nous pour nous comprendre, nous le renvoyons pour retorquer ses argumens à la philosophie voltairienne: enfant des siècles obscurs, il doit passer par l'initiation dissolvante du dix-huitième siècle. Il est d'ailleurs des personnes avec qui nous nous faisons un cas de conscience de discuter, que nous laissons volontiers dans leurs opinions erronées; ce sont celles qui mettent encore en question des principes qui circulent comme axiomes, qui, à notre époque, par exemple, critiquent la vie d'après les devoirs d'une religion désormais sans puissance; qui, pour nous asservir, s'appuient sur la Bible, nous montrant dans les dogmes chrétiens notre esclavage écrit, traitant tout désir d'émancipation chez la *femme* de révolte impie envers *Dieu* et l'*homme*, son Créateur et son Seigneur...

Si, en face de ces hommes, je daignais faire une profession de *foi*, je remonterais aussi jusqu'aux premiers chapitres de la Génèse; ce livre sacré en main, je leur dirais: hommes, votre orgueil mâle a tout corrompu, jusqu'au texte divin; écoutez, et comprenez *Dieu* dans ces simples paroles: « *Au commencement, Dieu nous fit à son image; il créa l'homme et la* femme. » Oui, pour moi, *Dieu est androgyne*, cette foi repose sur l'éternelle justice et sur la conception élevée des vertus des deux sexes...

Grâce à Dieu, voilà un nom d'homme qui rappelle à mon imagination des pensées gracieuses, et que je veux fixer dans la mémoire de nos lectrices. A M. *Paillet de Plombière*; qu'une pensée sympathique lui soit conservée dans nos cœurs pour une pièce de vers charmante, faite et récitée à la gloire des femmes. Cet excellent vieillard a peint notre position avec une touche si vraie, qu'il a fortement ému l'assemblée.

La forme restreinte de notre feuille ne me permettant pas d'ajouter d'autres détails pour aujourd'hui, je dirai seulement ce que d'autres personnes ont remarqué comme moi : c'est que tous les discours de femmes, lus à la dernière séance, avaient une teinte de *socialisme* plus prononcée.

Nous continuerons à décrire la physionomie de ces conférences; espérons qu'elles perdront bientôt leur caractère vague et indécis, et que MM. les sociétaires, en nous mettant dans le secret de leurs pensées, nous diront ce qu'ils veulent, ce qu'ils comptent faire pour nous; car il est probable qu'ils n'ont pas provoqué toutes ces discussions pour obtenir des femmes l'avantage de les entendre.

SUZANNE.

Le fait de l'affranchissement des colonies a une valeur tellement universelle, que nos lectrices nous sauront gré de dire ici quelques mots extraits du *Galignani's Messenger* du 2 décembre. Déjà l'Angleterre a envoyé à la Jamaïque un médiateur entre les esclaves et les maîtres. *Lord Mulgrave*, chargé de cette mission et investi de l'autorité nécessaire, s'est d'abord adressé aux propriétaires assemblés; là, par un discours très-fort, il les a engagés à faire suspendre toutes punitions corporelles sur leurs noirs, jusqu'à la promulgation du traité qui doit changer la condition des esclaves en celles d'hommes payant une redevance comme indemnité ; il les a engagés à ne pas attendre davantage pour placer leurs esclaves dans cette position, leur disant que mieux valait n'avoir pas l'air de céder à une loi, mais bien plutôt que la loi ne fût que l'expression de leur volonté.

A voir la tendance progressive de la France et de l'Angleterre, on regrette que la *non-intervention* empêche certains états d'outremer de subir le puissant patronage de ces deux grands peuples. Une lettre datée de *la Nouvelle Orléans*, écrite par un apôtre de la fraternité universelle et dont je veux extraire quelques lignes, suffira, j'espère, pour justifier ce regret. — « Continue, chère sœur, à prêcher, à réclamer l'intervention de la *femme* dans les affaires humaines : sa douce et religieuse inspiration peut seule sauver cette malheureuse contrée du sort affreux éprouvé par Saint-Domingue. Femmes, que votre influence pacificatrice comprenne l'espace et s'étende à tous.

« Le croirais-tu, chère amie ? Il y a des hommes ici qui regardent comme chose naturelle la plus horrible spéculation ; ils achètent

des esclaves à l'encan comme on achète des animaux, par paires;
il les accouplent et les font *produire*.... Leur considération envers
eux est en raison du *rapport*. Lorsque les enfans peuvent se passe
de leur mère, ils sont vendus à leur tour sans aucune considération
pour les sentimens les plus naturels.... On me fit remarquer ces
jours derniers une pauvre négresse qui avait vu disparaître ainsi douze
de ces malheureux petits êtres qui avaient puisé la vie dans son sein.
Ce mépris, cette proscription des races noires s'étend même jusque
sur les races mélangées. Cette semaine, je fus témoin d'un fait à
l'appui. Un homme de couleur voulut placer de l'argent à la banque:
on le refusa net; la raison qui a paru très-plausible ici, c'est que
les ancêtres de cet homme étaient nègres. Après de pareils faits,
les réflexions deviennent inutiles; on juge de suite où en est l'éducation morale chez ce peuple de marchands. Les punitions corporelles que l'on administre aux pauvres esclaves sont horribles et
bien peu en rapport avec les délits. Ton cœur sensible défaillerait
s'il te fallait passer devant la geole; les cris de ces malheureux sont
déchirans. A la plus légère insubordination, les maîtres les font retenir dans ce lieu, et là, soir et matin, leur font administrer par
des blancs, vrais bourreaux du moyen âge, des coups de fouet au
blanc... J'hésite à te faire apprécier la valeur de ce terme, appliquer des coups de fouet *au blanc*: c'est assaillir le malheureux avec
tant de forces, que non seulement le sang jaillit, mais la chair vive
devient blanche et noire sous le coup: c'est à faire frémir! On recommence cet infâme traitement plusieurs fois par jour, pendant un
certain espace de temps, selon que l'esclave a été plus ou moins ma-
ladroit ou paresseux. C'est à la Nouvelle Orléans, l'entrepôt du commerce de l'Amérique septentrionale, que ces choses se passent, sous
l'empire de cette République Américaine, si exaltée dans notre belle
France, et qui cependant n'a point eu puissance pour détruire cet
horrible abus du droit de l'homme sur l'homme.

Paris, 5 décembre 1833.

A MESDAMES LES RÉDACTRICES DE LA TRIBUNE DES FEMMES.

Eh bien! Mesdames, vous en avez acquis de nouvelles preuves dans la dernière conférence de la rue Taranne; il est des hommes qui ne justifient que trop les plaintes et l'indignation des femmes. A l'égard des points les plus importans de cette existence sociale qui leur appartient de droit, c'est au nom d'un dogme fabriqué de main d'homme, d'un dogme imposteur, que l'un de nos détracteurs les plus acharnés, a dit, qu'au commencement l'homme avait ainsi prononcé sur son destin et celui de la femme : « Je suis fait à l'image de Dieu; je suis le roi de l'univers, et toi, femme, tu es *mon esclave!* » L'insensé! en même temps le méchant! car il faut être un méchant pour se complaire, pour s'extasier dans une odieuse doctrine, pour passer sa vie à la redire, à tâcher de l'inspirer; le méchant, dis-je! en même temps le dévot! en même temps le mystique au regard des joies mondaines!!... il a cru les adoucir les outrages qu'il a proférés; il a cru les adoucir par le niais et banal éloge des charmes de cette beauté dévolue aux femmes, semblable, qu'il était alors au tigre qui caresse pour mieux déchirer. Qu'importe aux femmes ces misérables adulations au prix de leurs droits méconnus? mais vous avez été témoins des moqueries de l'assemblée. Les hommes ont été insensibles au titre de *demi-dieux* qu'il leur a donné. Et de quels applaudissemens fut suivie la protestation de l'une d'entre vous, Mesdames, contre une telle diatribe? Cependant, Messieurs du bureau se sont crus obligés de réclamer le silence, de l'imposer aux improbations qui ont éclaté de toutes parts; mais des outrages débités à profusion ne sont pas une opinion exprimée, des outrages ne sont point tolérables : assurément, dire des femmes que leur intelligence est nulle, ne voir en elles que des objets faits pour flatter les sens et pour l'accomplissement de la reproduction et sans les sortir de leur misérable condition *d'esclaves*, était un langage qu'il eût été plus facile et plus raisonnable d'arrêter que cette irritation d'un public qui se respecte assez pour la manifester hautement. Aussi à cette réclamation de ces Messieurs un auditeur a répondu : on peut dire son opinion. Une héroïne de Juillet qui était présente a dit : « Nous venons ici pour chercher des lumières et « non des mystifications. »

Honneur aux hommes qui s'élèvent du sein de la majorité des autres hommes, vivant comme je l'ai déjà dit, sous la loi d'usurpation, d'iniquité contre les femmes, sans s'occuper de cette loi, même en la dédaignant; honneur, dis-je, à ceux d'entre eux qui s'élèvent pour protester avec nous; qui comprennent bien que la minorité, armée du glaive, a d'abord gouverné les peuples, que les hommes furent et sont encore les premiers esclaves des tyrans, que le mouvement progressif parmi les peuples, parmi les nations, ne s'est opéré toujours que trop lentement au gré de la vertu. Mais enfin nous sommes au dix-neuvième siècle; il faut leur parler en face, aux hommes de cette époque, visiblement, très-visiblement du progrès. Un mauvais langage ne leur convient pas plus qu'à nous; leurs bouches et leurs écrits se souillent aussitôt qu'ils cherchent à rabaisser ce que l'Éternel a glorifié, puisqu'il nous a chargées, nous femmes, de la confection du genre humain. Faut-il donc toujours répéter, que, si la femme ne peut être sans l'homme, avant toute chose, sans la femme il serait moins que rien.

Ensuite je dirai que l'ordre de la discussion de cette proposition dont nous avons songé à tirer un grand parti est bien mal observé : après quatre séances *en trois mois*, le public s'ennuyait qu'on ne passât pas *aux moyens* : je me suis empressée d'en présenter: on devait s'en occuper dans la séance suivante; mais au lieu de cela, voici que de nouveau chacun parle sur la question générale, et pour comble de singularité, on avait commencé dans la séance précédente d'agiter le dernier de ces moyens proposés. Ainsi maintenant nulle discussion sur les conférences particulières et publiques, l'accroissement d'instruction, les cours normaux, les journaux, les cours publics pour l'enseignement des arts, des sciences et des lettres, les académies, et un second institut à l'instar de celui de France ; nulle discussion sur ces grands moyens à exploiter par les femmes seulement, et les seuls que l'on puisse fournir à ce vœu, *de favoriser et de mettre à profit le grand mouvement intellectuel qui se manifeste aujourd'hui parmi les femmes,* les seuls propres à offrir à l'Europe le peuple modèle que je demande, et que je demande aux femmes françaises.

» C'est à vous, leur ai-je dit, en terminant mon dernier discours,
» de présenter à l'Europe, non pas le règne des femmes, mais
» leur participation légale dans la vie sociale et politique ; non pas
» le règne des femmes, mais cette concurrence nécessaire entre
» elles et les hommes pour le bonheur de tous. Aujourd'hui vous
» n'avez qu'à vouloir, et la récompense de nos travaux sera dans
» l'avenir ; car les générations suivantes posséderont les fruits de
» notre persistance et béniront notre mémoire. Puisse ma voix
» ne pas retentir en vain dans cette enceinte, où j'aperçois déjà
» que peut se former une première association. Songez-y : cette
» première association sera la source de toutes les autres. Et nous,
» femmes du dix-neuvième siècle, nous aurons accompli notre
» mission sans ruse, sans empiètement, sans usurpation, sans
» avoir coûté un regret, une larme à l'humanité. »

On peut facilement croire que les femmes dans leurs conférences seraient esclaves, non des *demi-dieux* de l'orateur *en question,* mais de l'ordre inséparable de toute discussion importante. Quoiqu'il n'en soit pas ainsi rue Taranne, le public y accourt. Il faut que la question l'intéresse bien vivement, pour que ces séances, qui n'arrivent que de mois en mois, ne ralentissent pas son assiduité.

N'en doutons pas, Mesdames, ce même public les attend impatiemment, nos conférences ; il en a besoin ; il veut faire avec nous d'utiles et de nobles échanges intellectuels qui le feront croître avec nous, qui nous feront croître avec lui. Les femmes du progrès ont des admirateurs, ont de nombreux amis qui reconnaissent déjà tous les biens que la société doit en attendre et qu'elles lui procureront à force de courage et de vertus.

Louise DAUBIÉ.

EXTRAIT DE LA CORRESPONDANCE.

J'ai attendu long-temps avant de vous écrire, chère amie ; j'avais honte de l'abattement où j'étais, mais, grâce à Dieu, m'en voilà relevée. Les secousses violentes que j'ai eues m'ont formée pour l'avenir. Ma nature avait été tellement faussée et désorganisée, qu'il me fallait une rude expérience ; j'ai senti un craquement horrible en moi, et je suis tombée presque sans vie, sans avoir même la force de la volonté. Dans cet état, repoussée par ceux en qui j'avais mis mon affection dans le vieux monde, éloignée de mes nouveaux amis, je me suis trouvée isolée au milieu de gens incapables de me comprendre, et qui ne savaient à quoi attribuer l'état extraordinaire où j'étais ; mais une puissance invisible m'a soutenue et m'a rendue goutte à goutte à la vie qu'elle avait ôtée de sa vieille demeure ; elle m'a consolée de la perte d'affections qui étaient identiques et nécessaires à mon existence, mais qui dans notre discordance sociale m'avait tiraillée en tous sens, semblables aux vents contraires qui balottent et font chavirer la frêle nacelle isolée au milieu des eaux. Je suis encore faible, mais c'est une faiblesse qui tend chaque jour à diminuer. Vous ne me reconnaîtriez plus ; je ne suis plus une vivante image du chaos ; mes traits horriblement changés, au dire de tout le monde, depuis mon séjour en Angleterre, n'ont plus l'expression d'une douleur présente, mais portent une profonde empreinte de mes douleurs passées, jointe à l'espérance et à la foi calme et résolue qui m'anime maintenant.

Je vois souvent Mme W.., par son rang, qui est une importance ici.

et par son esprit, qui est remarquable. Elle reçoit chez elle les hommes les plus distingués sous tous les rapports. Je suis tenue par elle au courant du mouvement social en *Angleterre* ; elle m'a mise en relation avec ceux qui s'en occupent activement ; je leur parle de *Paris*, je leur raconte nos œuvres : je vous cite tous par les vôtres. Mon enthousiasme renait à ce récit, et au milieu d'eux j'oublie les chaînes qui me restent, et je me crois au milieu de vous tous. J'ai lu de vos lettres à Mme W... Elle en fut transportée d'admiration, et veut me mettre en relation avec un ouvrier anglais fort remarquable, afin que je lui parle de vous et du *peuple français*. Mme W.... a connue les Saint-Simoniens de l'ancienne doctrine : et M. *Fourier*. Elle est liée avec les littérateurs les plus remarquables de France, et a écrit en 1828, et même long-temps avant, sur la liberté des femmes. En 1828 un appel aux femmes, fait par elle, fut joint à un ouvrage de Mme *Thompson* sur la liberté des peuples, et fut distribué en *Angleterre*; mais il était trop tôt. Elle est Owéniste et écrit dans le journal *la Crise*. J'ai traduit une de ses lettres sur notre liberté, en réponse à une lettre d'une autre dame sur le même sujet : je vous les enverrai par une prochaine occasion. Oh ! ce n'est pas pour rien que j'ai été jetée en Angleterre, et que j'y ai tant souffert! La providence place toujours à côté d'un grand mal un grand bien ; mais il faut que je patiente encore six mois, temps nécessaire pour remplir mes engagemens : après quoi, je me remettrai dans le mouvement, car c'est là le pain quotidien de mon âme.

Je voudrais que vous m'écrivissiez quelques détails sur l'état des femmes en France, propres à être communiqués, sur leur travaux, principalement en ce qui a rapport à la cause des peuples, à leur amélioration, aux associations, que vous citerez par leur nom et leurs œuvres : dites celles qui se sont le plus distinguées, afin de stimuler un peu les Anglaises qui s'endorment dans la métaphysique et le sentiment, sans mettre en action aucune de leurs belles théories; parlez avec l'énergie et l'âme d'une femme du peuple qui est fière de sa pauvreté, car ici on en rougit, et le peuple et les femmes rampent ventre à terre pour un peu d'or, destiné au manteau du luxe qui cache l'absence des objets de première utilité. Tout ici est fier et aristocrate, et, dans tous les rangs, le plus petit se courbe sous le plus grand. Le mélange des deux peuples pourra seul tourner ce faux orgueil vers le progrès, et tous deux ont à gagner à ce contact.

Les associations commencent ici lentement, il est vrai, mais solidement : c'est le seul moyen que le prolétaire ait de lutter contre le monopole de l'argent, qui a fait la puissance de l'Angleterre, et amènerait infailliblement sa ruine, si une autre puissance ne s'élevait pour socialiser cet amas de richesses. L'Angleterre sera alors le trône de l'industrie, la grande manufacture du globe. Ce pays produit des merveilles d'industrie ; dans les petits voyages que j'ai faits dans l'intérieur, j'ai été dans une continuelle admiration de la bonne tenue des routes, des voitures et des chevaux publics, de l'ordre des administrations, de la beauté et de la richesse de ces immenses propriétés, dont les lords semblent les fermiers particuliers, choisis par la providence pour les améliorer et les faire valoir jusqu'au jour de la socialisation. Ces propriétés sont entourées de haies qui semblent les garantir de la destruction, que pourrait causer l'ignorance et la misère des masses. Ces haies sont autant de forteresses sous la garde de lois sévères ; et cette multitude de chemins de fer, qui sillonnent et s'étendent au loin autour de *Cheltenham*, partent tous du haut d'une montagne presqu'à pic, dont ils prennent les pierres qu'ils distribuent dans le canton. De cette montagne j'ai pu admirer l'aspect sévère de cette nature grandiose à laquelle les *civilisés absolutistes* ont tous refusé la poésie. Elle ne possède pas, il est vrai, ce zéphir doux et léger de notre France qui balance mollement les arbres et les fleurs, et vous caresse voluptueusement de ses ailes. Mais ici c'est un vent fort qui, s'engouffrant dans d'énormes massifs d'arbres, rend ces immenses bosquets semblables aux antres de *Vulcain*. J'étais saisie d'une terreur soudaine, lorsqu'assise au pied d'une montagne, sous ces vastes berceaux garnis de tapis d'un vert éclatant et sévère, j'entendais le roulement des chariots et le craquement des machines qui les attiraient rapidement du haut de la montagne pour les lancer ensuite dans leur différentes directions, et qui dominait parfois le bruit du vent, et semblait être les gémissemens d'un géant. Là, tous les chagrins qui m'avaient accablée me paraissaient des piqûres d'épingle ; mon âme s'élevait au niveau de cette nature embellie et animée par l'industrie des hommes, et s'imprégnait de sa force. Oh! l'Angleterre est poétique, non point de cette poésie des pays chauds qui enflamme les sens et fait bouillonner l'imagination, mais d'une poésie profonde qui fortifie à mesure qu'elle exalte, de cette poésie de l'avenir qui, matérielle en même temps qu'elle est spirituelle, ne va pas errant sans but dans l'espace, mais qui s'élève dans l'espace pour rapporter des objets d'une utilité positive la récolte de son imagination....

Fontana continue ses prédications : il est assisté de M. de *Prati*, professeur d'italien, ex-Saint-Simonien, et qui sait parfaitement l'Anglais; il est suivi par beaucoup *d'Owenistes*, par M. Smith, le rédacteur du journal de M. *Owen*, homme très-estimable et très-dévoué à la cause des *femmes;* c'est un prêtre anglican : de M. *Bamme*, qui sert d'interprète quand M. de *Prati* ne peut parler; c'est un Français qui a acheté des propriétés en Angleterre, et s'y est fixé depuis dix ans; homme d'esprit et de dévoûment, il est d'une pétulance et d'une activité sans pareilles; il se dévoue principalement aux *femmes*, et ne trouvant pas chez M. *Owen* tout ce qu'il voudrait, il va fonder des associations de femmes, dans ses propriétés. Ne connaissant pas du tout M. *Fourier*, il a cependant beaucoup de ses idées, et j'ai été électrisée dans une conversation que j'ai eue avec lui par la sympathie de nos opinions. Fontana est encore suivi par un homme, dont je ne puis dire le nom, remarquable par son désintéressement; j'ai trouvé aussi en lui une grande sympathie d'opinions, mais plutôt dans le sens scientifique de *Saint Simon*, que dans le sens pratique de M. *Fourier;* il est *Oweniste*, et, ne trouvant pas non plus entière satisfaction dans les idées de M. *Owen*, il veut, *lui*, prêcher au peuple l'association par paroisse, division de *Londres* comme *Paris* en arrondissemens; il veut que dans chaque paroisse il s'établisse des manufactures sociales, qui ne dérangeraient personne en les associant, et qui, par la suite, pourraient établir un système d'échange qui pourrait rivaliser avec la grande industrie particulière. Cette idée est grande et me parait réalisable, autant que j'en puis juger. Je voudrais pouvoir vous citer d'autres personnes anglaises et étrangères, qui toutes réunissent à ces idées sociales des connaissances très-étendues. Les *femmes* sont arriérées : cependant en voilà une *Oweniste*, Mme *Hamilton*, qui fait des lectures publiques : mais je crains qu'elle ne soit comme *miss Wrigle*, qui, en *Amérique* et en *Angleterre*, a prêché M. *Owen* et contre le mariage, et qui maintenant *est, en France, mariée, femme soumise à son mari, et infidèle à sa cause*.

Fontana fait beaucoup de bien pour les femmes; il va beaucoup de monde à ses prédications ; les grands journaux, le *Times*, le *Herald*, le *Morning* en ont parlé, ce qui fait grand bruit·

Le temps est arrivé où l'*Angleterre* va marcher de front avec la *France* à la tête des peuples ; je crois qu'un renfort de nos *compagnons* serait très-utile ici vers le mois de janvier, époque à laquelle, en *Angleterre*, on revient à la ville. Cela ferait un grand effet sur les *femmes*; mais il faudrait que ce fussent des hommes plus logiques que *Fontana*, et qui eussent le ton noble et imposant des premiers *apôtres*; car ici la logique et les formes sont de toute nécessité. Il faudrait aussi qu'ils ne se fissent pas nourrir par charité, mais qu'ils se mêlassent aux travaux du peuple. Je sais que l'entrée des grandes manufactures leur sera d'autant plus difficile qu'elle serait d'une grande importance pour eux; mais c'est pour cette raison qu'ils doivent tâcher d'y pénétrer. Je crois aussi que des chants, organisés comme *Rogé* l'avait fait, seraient très-bons ; ils choqueraient d'abord le calme anglais, mais ils finiraient par entraîner. L'*Anglais* aime le plaisir, la musique et la danse, et, si le peuple est taciturne, c'est qu'il sent profondément ses maux, et ne peut, comme le *Français*, les oublier en chantant ; il plie sous le joug, parce que rien ne lui coûte pour avoir le moyen de cacher sa misère, et qu'il n'est pas encore assez éclairé pour agir plus noblement; mais, quand il relèvera la tête, il la relèvera fortement et pour toujours. Il faut qu'il sache qu'on s'occupe de lui; il n'ira pas aux prédications, et il suivra avec transport des chants et des costumes ; mais, je le répète, il faut des hommes *imposans* et *dévoués à tout*; car il y a *tout* à risquer. Il serait utile que ceux qui viendront ici aient connaissance de la théorie de M. *Fourier*, non pour la prêcher, ce n'est pas leur mission, mais pour s'appuyer sur elle, et s'en servir comme d'une boussole utile et féconde en résultats positifs....

JENNY DURANT.

VICO.

(SUITE.)

Les lettres suivirent les langues : quand l'homme n'eut que la langue poétique, il écrivit par images et hyéroglyphes ; à mesure qu'il resserra les mots et les expressions, il fit les lettres et l'écriture. Il faut voir dans l'ouvrage cette savante discussion sur les langues et tant d'aperçus neufs sur la législation, la poésie, la nature, la religion, la société ; l'examen que l'auteur fait d'Homère, pour établir que ses ouvrages ne sont pas d'un homme, mais sont un recueil de la poésie et de l'histoire du temps ; les rapprochemens qu'il établit entre les évènemens de l'histoire ancienne et celle du moyen âge, pour faire triompher les principes de la science nouvelle. Vico est poète, héros, législateur et philosophe, appuyé toujours sur des idées éternelles et universelles : c'est Atlas soutenant le monde. Il faut remarquer chez lui deux qualités admirables par leur union : la foi et le doute. Il a acquis la conviction, mais il ne l'a acquise qu'après avoir ébranlé de sa main puissante l'édifice qu'il voulait construire. Une dissertation, où il soutient que la loi des douze tables ne fut point transportée de Grèce à Rome, est un modèle d'examen. Il vérifie les faits avec sagacité, avec des vues neuves et pénétrantes. Cette union de la foi et de l'indépendance d'esprit est un des traits caractéristiques de Vico ; c'est par là qu'il sut s'aider ensemble de la force de sa tête et de la chaleur de son âme.

Lui-même il offre et il admet les exceptions qu'on pourra opposer à sa règle. Son ouvrage n'est pas contre la perfectibilité, comme on l'a prétendu, puisqu'il regarde le monde comme amélioré et changé par la religion chrétienne.

D'ailleurs il ne prescrit pas l'espace de temps dans ce cercle que les nations parcourent. Si un peuple met mille ans à faire la marche qu'un autre a faite en cinq cents, s'il dure plus, travaille plus, recueille plus, sans doute les résultats sont différens, encore que la marche générale dut être la même. Au moment où l'un était mort, l'autre au même point du temps prospère; c'est une chose qu'on ne remarque jamais dans les comparaisons de peuple à peuple. Le médecin qui a fait vivre son malade vingt ans doit-il se confondre avec celui qui a fait vivre le sien dix ans ?

« C'est bien là, dit-il en terminant, la grande cité des nations fondée et gouvernée par Dieu même. On a élevé jusqu'au ciel, comme de sages législateurs, les Lycurgue, les Solon, les Décemvirs, parce qu'on a cru jusqu'ici qu'ils avaient fondé par leurs institutions les trois cités les plus illustres, celles qui brillaient de tout l'éclat des vertus civiles; et pourtant que sont Athènes, Sparte et Rome pour la durée et pour l'étendue, en comparaison de cette république de l'univers, fondée sur des institutions qui tirent de leur corruption même la forme nouvelle qui peut seule en amener la perpétuité? Ne devons-nous pas y reconnaître le conseil d'une sagesse supérieure à celle de l'homme? Dion Cassius assimile la loi à un tyran, la coutume à un roi; mais la sagesse divine n'a pas besoin de la force des lois; elle aime mieux nous conduire par les coutumes que nous observons librement, puisque les suivre c'est suivre notre nature. Sans doute *les hommes ont fait eux-mêmes le monde social*; c'est le principe incontestable de la science nouvelle; mais ce monde n'en est pas moins sorti d'une intelligence qui, souvent, s'écarte des fins particulières que les hommes s'étaient proposées, qui leur est quelquefois contraire et toujours supérieure. Ces fins bornées sont pour elle des moyens d'atteindre les fins plus nobles, qui assurent le salut de la race humaine sur cette terre. Ainsi, les hommes veulent jouir du plaisir brutal, au risque de perdre les enfans qui naîtront, et il en résulte la sainteté des mariages, première origine des familles. Les pères de famille veulent abuser du pouvoir paternel qu'ils ont étendu sur les cliens, et la cité prend naissance. Les corps souverains des nobles veulent appesantir leur souveraineté sur les plébéiens, et ils subissent la servitude des lois, qui établissent la liberté populaire. Les peuples libres *veulent* secouer le frein des lois,

SUPPLEMENT.

et ils tombent sous la sujétion des monarques. Les monarques *veu-lent* avilir leurs sujets en les livrant aux vices et à la dissolution, par lesquels ils croient assurer leur trône, et ils les disposent à suppor-ter le joug des nations plus courageuses. Les nations *tendent*, par la corruption, à se diviser, à se détruire elles-mêmes, et de leurs dé-bris, dispersés dans les solitudes, elles renaissent et se renouvellent, semblables au Phénix de la fable. Qui put faire tout cela ? Ce fut sans doute *l'esprit*, puisque les hommes le firent avec intelligence. Ce ne fut point *la fatalité*, puisqu'ils le firent avec choix. Ce ne fut point *le hasard*, puisque les mêmes faits, se renouvelant, produisent ré-gulièrement les mêmes résultats. —Ainsi se trouvent réfutés, par le fait, Épicure et ses partisans, Hobbes et Machiavel, qui abandon-nent le monde au hasard ; Zénon et Spinosa le sont aussi, eux qui li-vrent le monde à la fatalité. Au contraire, nous établissons avec les philosophes politiques, dont le Prince est le divin Platon, que c'est *la Providence qui règle les choses humaines.* Puffendorf méconn-naît cette Providence : Selden la suppose ; Grotius en veut rendre son système indépendant. Mais les jurisconsultes romains l'ont prise pour premier principe du droit naturel. »

On se demandera peut-être si Vico est chrétien, ou s'il en prend seulement l'apparence. A cette hauteur est-on d'une religion parti-culière ? On est religieux sans dogme. Les anciens admiraient les fictions d'Homère ; y croyaient-ils ? Plus la forme dont on a revêtu les vérités religieuses est belle, plus elle est respectable ; on peut la respecter sans y croire ; elle a sur tout autre religion à naître l'a-vantage qu'elle est née, qu'elle est reçue. Il est temps que la reli-gion chrétienne, tour à tour trop rabaissée ou trop élevée, trouve sa place et la garde.

Nous remarquerons que Vico, regardant l'Angleterre comme un gouvernement aristocratique, prévoit le moment où, pour rentrer dans son système, elle deviendra une monarchie pure. Il n'a pas deviné qu'au contraire les monarchies pures, sans devenir des aris-tocraties, adopteraient le mode de représentation de l'Angleterre. La civilisation ramène les hommes à la hauteur primitive, à l'état le plus libre et le plus près de la nature, leur rendant le pouvoir qu'ils avaient possédé en commun à la naissance des sociétés. Le ccus place, comme disait Vico, le pouvoir aux mains des laborieux.

On a pu voir dans ce que nous avons cité de Vico une imagination poétique et grande. Ses mémoires et sa correspondance font voir que son âme, son caractère et sa vie ne furent pas moins élevés. Né à Naples, en 1668, d'un pauvre libraire, il étudia le droit et l'enseigna durant neuf ans aux neveux de l'évêque d'Ischia, retiré dans la belle solitude de Valtolla, où, suivant la route que lui traçait son génie, il étudiait la poésie, la philosophie et l'histoire. Admirant Descartes, mais s'élevant contre sa philosophie, qui était alors la seule qu'on étudiât à Naples, il fit plusieurs ouvrages avant la *science nouvelle*, qui n'obtint point à son apparition le succès qu'elle a eu depuis; le style difficile à comprendre et la distribution de l'ouvrage jettent de l'obscurité sur un livre déjà obscur par sa profondeur. Père d'une nombreuse famille, frappé de malheurs domestiques, la chaire de rhétorique qu'il avait à l'université de Naples ne lui suffisait pas pour vivre; il était obligé de donner chez lui des leçons de langue latine. A l'avènement de la maison de Bourbon, il fut nommé historiographe du roi, et il obtint que son fils, homme de mérite, lui succéderait comme professeur; mais cette amélioration dans le sort infortuné de Vico n'arriva qu'à la fin de sa vie; il mourut bientôt, âgé de 76 ans.

L'histoire de ses études et des développemens de son esprit est une des plus belles choses qui existent en ce genre; là Vico a suivi avec détail et avec plaisir l'ordre de ses idées, de ses lectures, de ses doutes, de ses recherches, de la marche par laquelle il parvint au savoir.

Ses études et ses découvertes le remplirent d'enthousiasme; il sentit sa force, mais il s'enivra moins d'elle que des travaux où elle s'annonça. Supportant ses malheurs avec la même exaltation, la religion et le sentiment de sa supériorité le consolèrent. Que ne pouvons-nous citer ici tant de passages ou de lettres admirables qu'on trouve dans les deux volumes de ses mémoires et de sa correspondance! Père tendre, il s'occupait du soin de l'éducation de ses enfans, se mêlait à leurs jeux: sa fille aînée, digne d'un tel père, fut sa favorite; tout en lui était aimable, honnête et grand.

Vico offre l'exemple d'une vie intérieure comparable à une vie d'action. Dans la retraite, dans la solitude et dans la misère, son esprit et sa vertu lui donnèrent des jouissances égales à celles qu'il eût pu recevoir des plus grands faits autour de lui. Les affections remplirent son cœur ; il aima sa patrie comme les anciens savaient l'aimer.

« Ma chère patrie m'a tout refusé !.., dit-il dans un sonnet ; je la respecte et la révère. Utile et sans récompense, j'ai trouvé déjà dans cette pensée une noble consolation. Une mère sévère ne caresse point son fils, ne le presse point sur son sein, et n'en est pas moins honorée... »

« Qu'elle soit à jamais louée, dit-il dans une de ses lettres, cette providence, qui, lors même qu'elle semble à nos faibles yeux une justice sévère, n'est qu'amour et que bonté. Depuis que j'ai fait mon grand ouvrage, je sens que j'ai revêtu un nouvel homme. Je n'éprouve plus la tentation de déclamer contre le mauvais goût du siècle, puisqu'en me repoussant de la place que je demandais, (une chaire de droit qu'il n'obtint pas) il m'a donné occasion de composer la *science nouvelle*. Le dirais-je ? Je me trompe peut-être, mais je voudrais bien ne pas me tromper : la composition de cet ouvrage m'a animé d'un esprit héroïque qui me met au-dessus de la crainte de la mort et des calomnies de mes rivaux. Je me sens assis sur une roche de diamans, quand je songe au jugement de Dieu, qui fait justice au génie par l'estime du sage !.. »

Rappelant les malheurs de sa vie, « Vico bénissait les adversités, dit-il, qui le ramenaient à ses études. Retiré dans sa solitude comme dans un fort inexpugnable, il méditait, il écrivait quelque nouvel ouvrage, et tirait une noble vengeance de ses détracteurs. C'est ainsi qu'il en vint à trouver la *science nouvelle*.... Depuis ce moment, il crut n'avoir rien à envier à ce Socrate, dont Phèdre disait : Je ne refuse point sa mort, si j'obtiens sa renommée, et je cède à l'envie, si ma cendre est absoute. »

Cujus non fugio mortem, si famam assequar,
Et cedo invidiæ, dum modò absolvar cinis. (1)

Gertrude.

<hr>

(1) Nous nous sommes servies pour les citations de la traduction de M. Jules Michelet, (*Principes de la philosophie de l'histoire, traduits de la science nouvelle de Vico*. 1827), traduction pleine de mérite et qui a l'avantage d'être la première qu'on ait faite en France. Nous y renvoyons nos lecteurs auxquels nous n'avons pu donner qu'une faible idée de l'ouvrage de Vico. Ses Mémoires et sa Correspondance n'ont pas été traduits.

ÉGYPTE. — *Alexandrie, 4 novembre 1833.*

Le *Père Enfantin* s'est rendu d'ici au Caire avec une partie de ses disciples; il a vécu ici très-retiré, ne quittant que rarement le bâtiment qui l'avait amené de Trieste. Il voulait éviter de se donner en spectacle au peuple qui le suivait partout. *Méhémet Ali* est aussi allé au Caire pour y passer l'hiver.

(Extrait de *la Tribune* du dimanche 8 décembre.)

— On lit dans *le Peuple souverain*, journal de Marseille : « Alexandrie devient, décidément, le rendez-vous des Saint-Simoniens dans le Levant. On en compte jusqu'à treize dans nos murs en ce moment-ci. Le père Barrault est de retour de Smyrne; *le Père Enfantin* est également attendu. Il vient, dit-on, pour chercher la femme, et faire, du côté de Suez, des études sérieuses sur la jonction projetée depuis si long-temps entre la mer Rouge et la mer Méditerranée. Mercredi dernier, ces messieurs ont exécuté de la musique saint-simonienne à l'okèle neuve. Cette musique a paru gracieuse et originale à tous les amateurs qui l'ont entendue. M. David est l'Orphée qui a ravi toutes les oreilles par le charme de ses compositions et d'une voix pure et sensible. M. Barrault n'a prononcé que quelques paroles brèves pour expliquer son retour à Alexandrie.»

SUZANNE, } *Directrices.*
CÉLESTINE, }

Imprimerie de PETIT, rue du Caire, n. 4.

La Femme Nouvelle,

TRIBUNE DES FEMMES,

Paraît deux fois par mois, par livraison d'une feuille ou plus.

PRIX POUR PARIS.	PRIX POUR LES DÉPARTEMENS.
2 fr. 50 c. pour 3 mois.	3 fr. » pour 3 mois.
5 » pour 6 mois.	6 » pour 6 mois.
10 » pour l'année.	12 » pour l'année.

Le premier volume de La Tribune des Femmes, 1 vol. in-8°, 4 f. et 5 f. par la poste.

Rue des Juifs, N° 21 ; et chez JOHANNEAU, libraire, rue du Coq-St-Honoré.

AFFRANCHIR LETTRES ET ENVOIS.

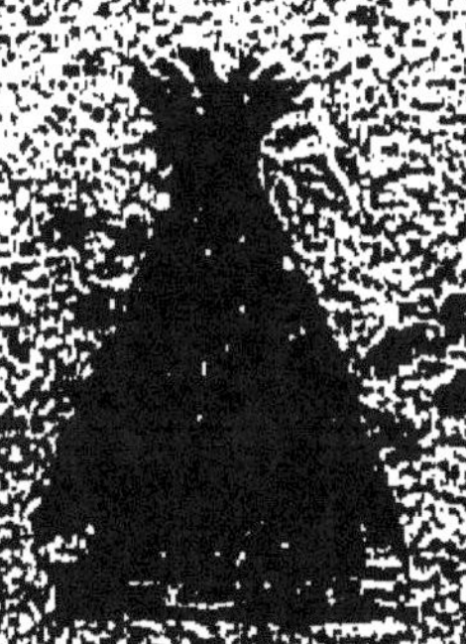

LIVRE DES ACTES, publié par les femmes.

La Femme Nouvelle.

TRIBUNE
DES FEMMES.

Notre bannière étant à la peine, il est juste
qu'elle soit à l'honneur.
JEANNE-D'ARC.

Egalité entre tous de droits et de devoirs.

Tome Second. — 5me Livraison. p.^s 73 — 88.

PARIS,
AU BUREAU DE LA TRIBUNE DES FEMMES,
RUE DES JUIFS, N. 21.
ET CHEZ JOHANNEAU, LIBRAIRE, RUE DU COQ-SAINT-HONORÉ.

Décembre. 1833. — Deuxième année.

UN MOT SUR BYRON.

PAR UNE FEMME

On a tant parlé de lord Byron, qu'il paraîtra singulier que je vienne aujourd'hui encore prononcer son nom; mais toutes les épithètes que les hommes ont accolées à ce nom, me semblent à moi, femme, ne le peindre qu'imparfaitement, et c'est d'un autre point de vue que je veux l'envisager; poëte de l'enfer, du doute, du néant, ont-ils dit, et moi je dis poëte de l'amour, des désirs, de l'espérance; à l'âme éternellement jeune, et qui ne se désillusionnait que pour reprendre vite ce que le monde appelle une nouvelle illusion; le monde qui traite de fous ceux qui ont reçu du ciel ce qui manque au vulgaire; l'éternelle espérance, l'éternel amour, l'éternelle foi; et qui appelle illusion tout ce qui provient de ces belles vertus, et n'est point alligné au cordeau de la froide raison.

Nous n'essaierons pas de peindre Byron; lui seul le pouvait et l'a fait admirablement dans ses poëmes qui sont chacun, si j'ose m'exprimer ainsi, un reflet ou une vue partielle de son âme; aussi, après avoir lu et aimé ses poëmes, on sait, on sent l'homme, et j'en appelle à tous ceux qui l'ont lu, a-t-on encore besoin de mémoires, de conversations et de tout ce dont on a été inondé après sa mort? *On dit que Childe-Harold, c'est moi. Quest-ce-que cela me fait*: a dit quelque part Byron. Oui, Byron, Childe-Harold, c'est toi; pélerin voyageur, à la recherche du ciel, qui seul peut te contenter; mais, Don Juan, c'est encore toi; Conrad, Lara, Manfred, le Giaour, c'est toi, toujours toi; c'est ton éternelle tristesse, ton éternelle aspiration vers un monde meilleur que t'offraient tes rêves ou plutôt tes pressentimens de poëte; et les fautes, et les crimes même que tu as fait commettre à tes héros, qu'étaient-ils si ce n'est une énergique protestation contre l'ordre de choses au milieu duquel ils vivaient ; où tout était arrangé, nivelé, de sorte que les qualités au-dessus de la mesure commune, n'y pouvaient trouver régulièrement place. Qu'on s'étonne donc que le fleuve calme et majestueux qu'on veut détourner et faire entrer dans le lit d'un ruisseau, brise les digues qu'on lui oppose, et ravage les prairies qu'il eût fécondées, si on lui eût laissé paisiblement suivre son cours.

Byron nous semble représenter son siècle, le représenter en grand homme, en poëte, en être en un mot la plus haute expression; en raison de la supériorité de son âme, il a senti plus vivement que ses contemporains les maux de l'époque à laquelle il vivait; mais chez eux se trouvent dispersés et plus faibles tous les sentimens qui le torturaient; aussi a-t-il trouvé de l'écho dans tous les cœurs. Il douta, parce qu'il vint à une époque où la foi était éteinte, et où rien des anciennes croyances ne pouvait satisfaire la *raison*, restée seule debout au milieu de l'écroulement universel, où rien de l'ancienne société, de l'ancienne civilisation, ne pouvait plus obtenir l'amour des hommes. A des époques comme celle que nous venons signaler et à laquelle vint Byron, il n'y a plus rien à détruire, ou du moins, il n'y a plus besoin d'une main puissante pour abattre; tout croûle de soi-même; aussi le désespoir s'empare-t-il des âmes énergiques et aimantes qui ne savent plus où se prendre.

Du désespoir de Byron naquirent ses chants sublimes; mais plus dégoûté encore de la platitude du monde que de son manque de vertu, il idéalisa le crime et fit de gigantesques héros de désordre. Par haine de l'hypocrisie, caractère distinctif, ou plutôt masque de la société au milieu de laquelle il était né, il montra l'homme puissant et passionné, rejeté du sein de cette société qui pardonne volontiers tout ce qui ne dérange pas son ordre apparent, mais qui, rejette avec mépris, quoiqu'avec crainte, celui qui dévie de la route tracée ; société incapable de rien sentir de vraiment grand, flétrissant l'enthousiasme et desséchant de son rire moqueur tout sentiment généreux.

En déplorant les vices dont Byron a chargé ses héros, on sent que dans une société bien organisée, les grandes qualités que leur a départies le ciel , auraient fait leur gloire et le bonheur du monde ; car au milieu de leur profond abaissement, on les reconnaît pour rois du genre humain , et on maudit la société qui a pu changer en poisons les germes précieux déposés dans leur sein. C'est, on le sent, l'orgueil qui a causé leur chûte : mais cet orgueil est le sentiment de leur valeur; la conscience profonde de leur puissance ; on ne s'étonne plus, après avoir pénétré au fond de leur âme , de leur profond mépris pour la mesquinerie et la misère de ce qui les entoure ! Ils s'enorgueillissent même de leurs vices et en font trophée ; tout ce qui les entoure leur va à peine à la cheville, et tout cela se pare de semblans de petites vertus en cachant soigneusement ses petits vices.

Par haine de l'hypocrisie, Byron se fit fanfaron de vices: sensible et trompé dans ses affections, il flétrit la tendresse , car s'il la montre sublime, constante, inaltérable, il la montre en même temps coupable, toujours coupable ; il semble, en le lisant, qu'elle ne puisse être qu'à cette condition. Medora , Gulnare et Astarté, la plus belle des trois , peut-être, quoique nous ne voyons que son fantôme , respirent à la fois l'amour le plus tendre et le plus violent: La première semble un ange placé près de Conrad pour le sauver; autant qu'elle vit, il n'est pas perdu , mais il y a une faute non dite, qui les sépare du monde; leur amour est réprouvé par lui, et s'ils voulaient y rentrer, il faudrait briser cet amour: Gulnare est poussée par son amour à commettre un crime dont Conrad lui-même a horreur, lorsqu'il voit à son front la tache dénonciatrice , et Astarté, Astarté qui selon la belle expression du poëte fut tuée par Manfred , *non avec la main, mais avec le cœur* : Astarté est la sœur de Manfred : leur amour est incestueux !...

Byron qui se complaisait à peindre le mal , de désespoir peut-être de rencontrer le bien qu'il désirait , et dont le type était éternellement au-dedans de lui , qui en nous montrant la femme qu'il rêvait, belle comme une statue grecque, plus belle encore de tendresse et de douleur, l'a souillée de quelque faute : Byron, disons-nous, n'excella pas moins à peindre l'amour de l'homme ; je t'en atteste, ô toi Manfred, mélange d'orgueil et de désespoir, de soif de la science et de rêveuse mélancolie, toi qui es plus qu'un homme et sembles avoir une place entre l'ange et le démon ; on est effrayé de ton génie, de ton audace, mais un sentiment s'élève et domine tous les autres, l'amour ; aussi quoique cet amour soit incestueux, c'est lui surtout qui fait espérer : *Dieu te pardonnera beaucoup*, selon la sublime parole du Christ, *parce que tu as beaucoup aimé*. Je vous en atteste aussi, ô vous, Conrad et Lara, fidèle à ta Medora même au-delà de la tombe, et n'acceptant que par pitié, par bonté, les soins si dévoués de Gulnare, *Kaled*.

Mais assez des poëmes romanesques de Byron ; ils ne sont que des épisodes de sa vie ; il a laissé de véritables mémoires où son cœur est à nu ; et je ne parle pas de ceux qui ont été détruits ou conservés, peu importe par *son ami*, Thomas Moore, je parle de ses deux grands poëmes, Childe-Harold et don Juan, qui le font mieux connaître que ne le pourrait une biographie détaillée. Histoire en deux parties, où se trouve d'un côté la vie de la pensée, et de l'autre celle de la matière ; je m'occuperai peu de don Juan ; don Juan est ce qu'on nomme vulgairement un mauvais sujet, ce qui presque toujours peut se traduire ainsi ; une nature puissante réprouvée et ne trouvant pas de place dans le monde ; puis ce sont des aventures dont il n'y a guère lieu à chercher le sens, et je ne me sens nullement la volonté de parler de Byron pour m'extasier à la suite sur le mérite du plus amusant et le plus parfait de ses poëmes, au dire de beaucoup de gens, de l'avis desquels, et je leur en demande bien pardon, je ne puis être. C'est de Childe-Harold seul que je m'occuperai donc, et je ne m'en occuperai pas sous le rapport littéraire.

Harold est jeune et connaît déjà la satiété, il a aimé : celle qu'il aimait n'a pu être à lui *heureuse*, dit le poëte, car bientôt elle se fut flétrie dans l'abandon et la douleur ; mais la flèche empoisonnée est au fond du cœur d'Harold, et c'est pour étouffer le cri du désir non satisfait de son cœur, qu'il s'est plongé dans la débauche ou la satiété vient le trouver, car la débauche n'est pas un asile assuré pour ceux de sa noble race ; aussi va-t-il chercher d'autres cieux. Il quitte sa patrie sans regret, et personne ne l'y regrettera ; car personne n'a aimé le poëte, ne l'a aimé pour lui, pour le sauver ; peu de femmes savent s'oublier et ne songer qu'à celui qu'elles aiment, surveillant ses désirs et ses besoins, comme la mère à genoux près du berceau de son fils malade : heureuses pourtant celles qui savent aimer ainsi, car dans l'amour du monde pour celui qu'elles ont fait grand , il y a une belle part pour elles.

Harold a essayé de tout , abusé de tout , et maintenant il rejette avec dégoût ce qu'il crut aimer ; il doute de tout parce qu'l a été trompé dans ses immenses désirs, chacun lui a donné ce qu'il a pu, personne ne lui a donné ce qu'il lui fallait d'amour ; aussi avec quelle amertume ne parle-t-il pas des sentimens de famille et d'affection ; il quitte sans regret, mère, sœur, amis , patrie ; mais cette insensibilité n'est que l'endurcissement , la cuirasse pour ainsi dire , d'un cœur trop souvent et trop profondément blessé pour être encore accessible à de vulgaires douleurs. Oh ! Harold, tu as dû avoir de cruels désenchantemens ; il a fallu de grandes, d'horribles tortures pour en venir là, pour épuiser les trésors de tendresse renfermés en toi : tu hais comme tu aurais aimé, immensément ; mais ta haine poignante, ironique , déchirante, est ce que l'ont faite tes nombreux désenchantemens, elle te tue , Harold.

Le poëte nous fait traverser l'Espagne, le Portugal, l'Italie , la Grèce, et il y a , dans ses récits, une sorte de gaîté fiévreuse et moqueuse qui fait mal ; partout le vide de son cœur le suit : « et » *pourtant , plus d'une fois, Harold avait aimé, ou rêvé qu'il aimait,* » *puisque le bonheur est un songe... Et il avait appris que l'amour* » *n'a rien de plus précieux que ses ailes.*» Le souvenir d'un amour qui n'est plus revient tristement *visiter le sombre pélerin* , et, en voyant de nouvelles beautés , il n'ose leur demander de partager encore ses douleurs ; car aimer Harold, c'est *sentir les angoisses de son cœur.* Et une femme s'était approchée de lui, l'avait aimé et était morte , *partie, gone* : comme dit le poëte ne restant plus pour lui qu'un souvenir de bénédiction et de mélancolie. Ah ! Harold, cette femme, que tu n'oses même nommer dans l'espèce de culte que tu lui as voué ; cette femme, c'est le ciel dont tu es banni et dont le souvenir te reste, triste et doux, regret et espoir.

Au milieu des scènes qu'il parcourt, le poëte est mal à l'aise, blessé par le frottement des hommes, seul au milieu de la foule, ce qui est le véritable isolement, comme il le dit lui-même ; mais le calme rentre dans son âme, au milieu de la solitude, tête à tête pour ainsi dire avec la nature. En présence des montagnes, des torrens et des forêts, le lourd matérialisme qui l'oppresse ne se fait plus sentir à son âme; il est près de son Dieu, la main des hommes n'élève plus une barrière entr'eux, là, Byron est, nous osons le dire, hautement religieux; il ne maudit plus, il aime, il adore. Bientôt, approchant de nouveau des villes, le désespoir le reprend, et le démon l'emporte encore sur l'ange; philosophe sceptique et railleur, son rire ressemble au vent du désert qui flétrit et dessèche ce qu'il touche; mais il n'est pas heureux de ce rire; jamais Byron ne fut installé complètement dans le doute, ou plutôt dans l'athéisme: il y avait chez lui une impossibilité de croire, accompagnée du besoin de foi qui le tourmentait. Son horrible malheur fut le désaccord profond, la lutte de son cœur et de son intelligence, de ce qu'on est convenu d'appeler la raison; jamais ni l'un ni l'autre ne fut vaincu ou complètement vainqueur; le combat ne se termina qu'à la mort du poëte.

Je ne crois pas m'être trompée en assurant, au commencement de cet article, que Byron est éminemment le poëte de son époque; tous, en s'examinant, sentiront qu'ils ont éprouvé les douleurs du poëte; chacun a trouvé son cœur peu d'accord avec sa raison. Pourquoi?... Parce que le dix-huitième siècle, armé de sa froide philosophie, a détruit impitoyablement toutes les anciennes croyances sans y rien substituer. Il avait fait table rase; on ne voyait même presque plus de ruines, mais la société était devenue un immense désert de sable, nu, désolé, et dans lequel il fallait mourir faute d'une goutte d'eau; or, Dieu ne veut pas que l'humanité vive au désert, et sa bonté aura bientôt édifié la nouvelle cité, plus magnifique que l'ancienne; car, s'il n'efface que pour écrire, comme le dit DE MAISTRE, il écrit toujours une page plus belle, et non-seulement il ne se répète pas, mais encore il ne retrograde jamais.

Le temps est proche où les Byron, les Rousseau, les Pascal et toutes les grandes victimes et les grands désireurs de l'humanité recevront leur récompense, et où, reprenant leur véritable place, ils deviendront chefs de la Société, qui, un peu plus tôt, les eût rejetés de son sein, comme perturbateurs de l'ordre établi.

PAULINE.

DE LA PEINE DE MORT.

Au milieu des débris sans nombre qu'a amassés autour de nous le criticisme du dix-huitième siècle, qui a détruit et avec tant de raison l'œuvre de la féodalité, ne se sent-on pas l'esprit attristé en songeant que, parmi ses débris, il est resté debout quelques-unes des colonnes qui soutenaient cet édifice, et que, parmi celle-là, nous devons compter la peine de mort. *La peine de mort* qui donne à des hommes le droit sacrilége et impie de porter la main sur un autre homme pour lui ôter la vie. Croyez-vous que cela soit *selon la volonté de* Dieu. Oh! non, car tous sont ses enfans, il les aime tous d'un égal amour; ce n'est pas lui qui fait des hommes criminels, ce sont vos lois, votre fausse organisation.

Avant d'aller plus loin, je veux vous soumettre quelques considérations sur les différens progrès qu'a faits la justice. Dans l'origine, lorsque les hommes vivaient seuls, isolés, chacun était vengeur de son injure, chacun était accusateur, juge, bourreau. Lorsque les hommes commencèrent à punir, l'on sentit combien ce procédé était injuste. Alors, à *la justice individuelle*, succéda *la justice sociale*, et la société tout entière se chargea de venger celui de ses membres qui avait été offensé. D'abord les supplices furent horribles, et plus la société avança, plus elle fit disparaître ces traces de la barbarie, une seule est encore restée, la peine de mort, et c'est contre elle que ma faible voix s'élève aujourd'hui. Les réflexions que je vais vous soumettre me sont suggérées par un fait arrivé à Haïti. Un mulâtre, condamné à mort, a, pour se sauver, mutilé le cadavre d'un de ses compagnons d'infortune, qui avait été étouffé dans la lutte qui s'était établie entre eux, et une malheureuse femme qui lui avait donné l'hospitalité. Quel être au cœur sensible ne frénira pas en lisant les tortures, les angoisses par lesquelles ce malheureux a passé mille fois avant de goûter seulement quelques minutes l'air pur de la liberté ; voilà les résultats de votre horrible peine de mort : pour un crime commis, vous en avez fait faire deux autres ; on frémit d'horreur en lisant ces détails, et pourtant on ne peut s'empêcher de plaindre le malheureux, car ce qui le faisait agir, c'était l'instinct de sa conservation ; il avait été criminel, c'est vrai, mais savez-vous bien quels étaient les sentimens qui l'avaient fait agir ; sans doute je ne vous dirai pas, laissez impuni l'être qui a commis un crime, mais ne soyez pas plus barbare que lui ; lorsqu'il l'a fait, sa raison était peut-être égarée, la vôtre ne l'est pas, lorsque vous venez de sang-froid mettre la hache homicide aux mains d'un homme vengeur de la société, et voyez combien vous êtes peu conséquens avec vous-même ; il faut, dites-vous, des bourreaux, et vous les méprisez ; nul de vous ne voudrait faire société avec lui, *on honore le juge, on méprise le bourreau.* Je vois une raison à cela, c'est que le bourreau n'est qu'*un assassin autorisé, payé* ; vous êtes plus barbares que les sauvages, car, lorsque le bourreau était la victime ou celui qui le touchait de près, il avait une raison pour punir le coupable ; mais le bourreau qui n'est pas l'offensé, qui vient la tuer froidement sa victime, sans qu'il ait nul raison que celle de venger un autre, est, je le répète, plus barbare, *eh bien ! honorez-le comme un homme utile, ou sachez vous en passer.*

Ce serait peut-être ici le lieu d'examiner quels sont, la plupart du temps, les sentimens qui agitent l'homme qui commet un crime. Les crimes peuvent se diviser en deux classes générales. Ceux que la vengeance guide, et ceux où l'intérêt est le mobile qui fait agir. Pour les premiers, la société doit prendre des garanties, elle doit les traiter comme des hommes malades, et faire tout pour ramener dans leur âme la paix et la sécurité dont une trop grande exaltation des passions haineuses les a privées. Avant de passer à la seconde, je dois constater un fait qui, pour moi, est douloureux, mais qui vient à l'appui de ce que je disais plus haut, que ce sont les mauvaises institutions qui font les hommes criminels. Parmi tons ces hommes qui viennent s'asseoir sur les bancs de la cour d'assises, combien compterez-vous d'hommes du peuple pour un privilégié ? Et ici je ne veux point accuser le peuple, mais les institutions qui nous régissent. Qu'accordent nos lois à ceux qui souffrent? l'un roule dans un équipage; l'autre, à sa porte, meurt de faim. Et qu'elle est la raison de cette inégalité? Qu'à fait l'un plus que l'autre? Ils sont nés tous les deux, l'un pour être riche, l'autre pour mourir de faim. Le pauvre est né avec une âme ardente qu'il a besoin d'exalter, de répandre sur ce qui l'entoure; *mais, non, il n'est pas né pour cela!* Et vous voulez qu'au milieu de tout cela, la haine ne germe pas en son cœur; vous ne voulez pas que lui, entouré de tout le cortège hideux de la misère, n'envie pas le sort de son voisin riche, opulent? Et croyez-vous que les riches soient exempts de ces sentimens? Oh! non; mais seulement ils ne dépouillent pas violemment leur victime, ils savent employer la ruse et tâchent de mettre le *bon droit* de leur côté: que de familles ruinées par ces hommes qui viennent, eux, juger et condamner des hommes souvent moins coupables qu'eux. Et d'ailleurs, pour constater la vérité de ce que je viens de dire, je puis m'appuyer des paroles d'un homme qui, certes, ne passera pas pour être le défenseur du peuple, M. Dupin a dit; « Les vices des riches font vivre les pauvres ». Or, qu'entendait-il par ces vices des riches, le faste, la prodigalité qui, selon lui, font vivre les pauvres; mais lorsque cet homme prodigue sera ruiné, il deviendra aussi et peut-être plus envieux que le pauvre du bien de son voisin. Voilà pour les causes matérielles.

Pour les causes morales qu'agitent l'homme en lui-même, je vous demanderai encore *que faites-vous pour le peuple? Rien.* À peine lui donnez-vous connaissance de ses *droits*, de ses *devoirs.* Ses droits, je me trompe, il n'en a aucun. Ce sont les propriétaires qui font les lois, ce sont eux qui les appliquent. Mais du moins donnez-lui connaissance de ses devoirs, afin qu'il sache ce que cette société qui ne fait rien pour son bien-être, est en droit d'exiger de lui. Mais voyons d'abord ce que sont les lois qui nous régissent. Quelques hommes oisifs, opulens sont choisis par d'autres hommes un peu moins riches qu'eux, pour venir en assemblée discuter les lois qui devront régir la société. La masse du peuple que ces lois intéressent plus qu'eux, y reste étrangère et est obligée d'attendre qu'après avoir fait toutes leurs affaires, ces messieurs veulent bien un peu s'occuper des siennes. Nul d'eux ne sait quels sont les besoins, les souffrances de ce peuple ; aussi leurs lois sont-elles toujours imparfaites. Enfin la loi est faite, il faut l'appliquer, ici nous devons reconnaître le progrès, car à côté d'une loi écrite d'un texte invariable, est venu s'asseoir le *jury, sorte de loi vivante*, qui à côté de cette loi sans entraille, qui condamne sans interroger, sans comprendre la position où un homme a pu se trouver placé, fait intervenir un cœur d'homme, qui examine et souvent absout celui que la loi eût condamné. Mais encore ce jury, l'une des plus belles institutions de nos temps modernes, est-il restreint aux propriétaires seulement, sans que jamais un homme du peuple ait le droit d'intervenir dans le jugement d'un de ses frères. Et que diriez-vous juges et jurés, si un jour, sur le banc des accusés, un homme à la voix haute et intelligible, se levait et venait vous dire : Juges, jurés assemblés pour me juger, je me lève ici pour me défendre, et en même temps je veux prendre en main la cause de tous mes frères opprimés comme moi. J'ai commis un crime, je le sais, j'ai *interverti l'ordre de la société*, et vous hommes propriétaires assis ici pour me juger, vous allez me condamner; mais avant, je veux dérouler à vos yeux le tableau des misères qui accablent le peuple ; et ensuite vous demander ce que la société, au nom de laquelle vous me jugez, a fait pour moi et pour tous mes frères. Savez-vous ce que c'est que l'homme du peuple? Dès son plus jeune âge, la misère l'a entouré, il entend chaque jour son père maudire la vie, qui pour lui n'est qu'un long temps de douleur et d'ennui; ou autour de lui il entend des plaintes ; souvent ces mots viennent frapper son oreille : celui-là est riche, il peut vivre, s'amuser. Dans son jeune cœur germe la haine pour le riche, il grandit, lui qui souvent sent au cœur de grandes pensées, il est obligé de s'astreindre à un travail rude, pénible, quelque fois au-dessus de ses forces. Que d'enfans morts avant d'avoir pu atteindre leur développement, et tués par ce travail trop rude auquel ils avaient été astreints, parce que les parens n'avaient pas eu de quoi les nourrir. Mais dans cette enfance souvent si pénible, l'enfant voit-il jamais la main de la société étendu sur lui pour le protéger, oh ! non, elle n'intervient qu'à vingt ans, et pourquoi ? Pour lui imposer des devoirs, il doit défendre , servir cette société qui ne fait rien pour lui : en vain se révoltera-t-il ! La prison , le bagne, lui apprendront vîte qu'il n'a rien à réclamer, qu'il doit obéir. Voilà la seule fois dans la vie de l'homme où la société intervient. Et puis moi qui ai manqué aux lois de cette société, lois que vous ne m'avez pas apprises , vous venez me juger, me condamner. Mais savez-vous par quelles tortures j'ai passé pour arriver ici? Pourriez-vous compter mes [douleurs, vous qui ne les avez pas souffertes. Eh ! bien, je le répète , vous allez me condamner, je le sais, aussi vais-je vous dire ma pensée toute entière. Eh bien ! Je ne vous reconnais pas le droit de me juger; car vous ne pouvez pas comprendre tous les sentimens qui s'agitent en moi, *vous n'êtes pas peuple* , et vous ne savez pas les souffrances du peuple. Condamnez-moi, mais que ma condamnation vous serve , descendez un peu parmi le peuple , sondez ses plaies , interrogez ses souffrances , puis portez-y remède ; alors moins de crime à punir, et la *haîne* ne sera plus *inculquée dès en naissant au cœur de* l'enfant , et alors *l'harmonie régnera sur la terre.* Je n'en dirai pas plus, vous êtes hommes, méditez ces paroles et sachez les comprendre ! Eh ! bien , si un accusé tenait ce langage aux jurés : je ne crois pas qu'aucun d'eux osât lui appliquer la peine de mort ; ils sentiraient que cet homme était né pour remplir une large place dans la société , que ce n'est que parce qu'il a été comprimé , étouffé , qu'il est devenu criminel ; aussi est-ce là ce qui me fait dire avec conviction que dans l'avenir il n'y aura plus de criminel. Et s'il arrivait que par hazard un crime fut commis , ce n'est pas sur un *échafaud*, ni dans les *bagnes* qu'on conduirait le coupable , mais la société , étendant sur lui sa main protectrice , chercherait et employerait tous les moyens propres à le moraliser , en même temps qu'elle chercherait ce qui aurait pu occasionner le crime, et en quoi celui qui l'a commis avait-il été gêné, opprimé, et ce serait pour elle un sujet à voir si c'est qu'il y a quelque chose de mauvais dans son organisation. Car je vous le demande, que produit la peine de mort? Améliore-t-elle la société ? Non, car jamais ce supplice n'a empêché les crimes de se commettre : puisqu'elle n'améliore rien, elle est *inutile, mauvaise* , il faut la détruire. Mais comment punir les criminels, me dira-t-on? Je vous répéterai : améliorez votre ordre social et vous n'en aurez plus. En attendant, veillez sur l'individu criminel, et loin de le laisser livré à lui-même, cherchez par tous les moyens possibles à améliorer son état moral.

Législateurs, profonds penseurs, je vous vois sourire ; mais je suis une faible femme, je n'ai que mon cœur pour guide : je ne puis employer de belles phrases pour vous dire ce que je sens. Car moi aussi je suis du peuple, et c'est pour cela que je parle de ses souffrances : j'en ai tant vu souffrir autour de moi, qui n'en ai pas été exempte, que je crois pouvoir parler aujourd'hui.

C'est une faible voix de femme, qui s'élève pour vous demander, hommes, *l'abolition de la peine de mort*. Mais non, peut-être *n'est-ce-pas en votre pouvoir* ! car déjà vous l'avez tenté, et vos efforts sont venus se briser contre elle. Peut-être est-ce un des *signes* par lesquels DIEU *veut manifester la puissance de la femme* ? Oui, la peine de mort devra rester debout tant que la *haine*, *la violence règneront* sur la *terre* ; mais du jour où elles seront *remplacées* par la *paix* et *l'amour*, elle devra tomber, et devant la parole toute conciliante de la femme, viendront s'éteindre toutes ces haines qui font de tous les hommes des ennemis, et alors le RÈGNE *de* DIEU S'ÉTABLIRA *sur la* TERRE.

MARIE REINE.

LIBERTÉ DE LA FEMME.

Nou, jamais la marche du progrès, en dépit de tous les genres d'obstacles que lui oppose le pouvoir, n'a été plus rapide que depuis notre dernière révolution. Les idées justes rentrent dans la circulation presqu'aussitôt qu'elles sont émises ; toutes les classes éprouvent le besoin d'une large réforme sociale, et l'ignorance, mère des préjugés, abandonne, successivement ce grand pays, qu'elle a si longtemps recouvert de son ombre ?... Espérons que, dans quelques années, ce sol antique sera tout défriché : car les bonnes institutions en auront extirpé les vices en faisant taire le besoin ; tous prenant part au commun bonheur, personne n'aura plus à envier le bonheur d'un autre, et désormais la politique, inséparable de la morale, n'aura point d'autre but que celui d'améliorer l'espèce humaine par un système raisonnable d'éducation.

La femme, devenue mère, exercera à son tour une espèce de sacerdoce ; et c'est à son bon cœur et à son intelligence cultivée, que la patrie confiera les premières années d'une existence, pour en réclamer plus tard tous les instants. — La nature imposa une noble tâche à cet être que, jusqu'à présent, l'homme fut libre de transformer à son gré en compagne, servante, ou victime ; Ah ! disons tristement : qu'une fausse organisation régit encore notre siècle avancé, et, par suite d'une vieille coutume, ce sexe faible reste enfermé dans un cercle étroit, sans oser renverser la borne que l'absurdité a posé devant lui ! Que la malignité se garde bien d'interpréter ma pensée avant de la comprendre ; loin de moi, l'idée hardie de l'émancipation ; je veux réprimer la licence, en opposant la vertu. La mission de la femme n'est pas assurément de suivre ou de dépasser l'homme dans le pénible chemin de la vie ; son âme renferme tant de sensibilité, que l'ambition, l'orgueil, ne peuvent y tenir place ; or, le froid égoïsme n'est-il point la contradiction de la bonté ? Que ferait-elle donc seule, sans appui, privée de l'être de son choix ? que son existence lui péserait. Chaque jour elle la verrait s'échapper, parceque le fondement principal, qui est l'amour, serait anéanti à tout jamais !... Hélas ! il faudrait qu'elle dît un éternel adieu à ses illusions de bonheur, enfin à ses beaux rêves rians et purs qui sont toute sa vie !!! — De grâce, assignez-nous seulement notre rang, nos fonctions dans le cercle de la civilisation, et gardez-vous de redouter le pédantisme ; ce sont les sottes adulations qui le font naître, mais les bienfaits d'une véritable instruction prémunissent toujours contre la flatterie ; alors la modestie, le plus bel appanage de la femme, ne sera point fanée par la science, qui ne sera que l'une de ses beautés ; une fois que son intelligence sera dirigée par le cœur, à elle seule le devoir d'instituteur comme tendre mère, d'amie comme épouse, et de citoyenne comme individu ; on la verra tour à tour, avec le même plaisir, s'occuper du soin de son ménage, car *l'ordre*, *l'arrangement*, doivent passer avant tout. — Puis les talens, les connaissances, la politique même, peuvent faire partie de ses attributions; remarquez que, par politique, je n'entends pas parler de cette haute diplomatie qui dessèche le cœur, et l'entraîne dans une erreur continuelle; il faut que la femme connaisse les besoins, l'intérêt de tous. Ah! qu'elle ne croie pas sortir du rôle qu'elle est destinée à remplir, en cherchant, par l'exemple de sa conduite, à ramener au bien des esprits égarés. Quel homme ne se glorifierait d'appartenir à la compagne qui élèverait son fils dans de tels sentimens?... Au lieu de confier un enfant à des gens mercenaires, qui faussent son jugement, retardent ses progrès, ce serait en présence de la maternité que le jeune innocent commencerait sa carrière, les leçons touchantes, dégagées d'intérêt, font une impression qu'aucune corruption n'a le pouvoir de détruire, surtout lorsque c'est une âme neuve qui les reçoit.....

—Il apparaît bientôt ce jour où le jeune homme, né pour la société, doit entrer dans son sein; hé! que lui importe les amorces d'un monde brillant, trompeur? Il le connaît d'avance, et n'en craint pas les dangers; remplissant ses devoirs de bon citoyen, la patrie peut avec orgueil le mettre au nombre de ses ardens défenseurs. Que la tempête populaire éclate! alors cet homme, jadis si paisible, trouve dans son courage des forces surnaturelles; il s'agit de la cause du peuple! Malheur à l'insensé qui la renie!... Les Rois oublient les services qu'on leur rend, parce qu'ils les paient avec de l'or; le peuple, qui n'a pas d'or à donner, garde en son âme le souvenir du bien qu'on lui fait. Ah! qu'il est beau de mériter sa gratitude! En vain la tyrannie réserve une balle pour le cœur de l'homme libre; la mort ne peut alarmer celui qui a rempli son existence; calme, il descend au tombeau, fier des larmes, des regrets de ceux qui le connurent... Oh! bénédiction! mille fois bénédiction sur l'heureuse femme dont le sein renferme un tel fils!.. La nation reconnaissante se souviendra que le dernier adieu du citoyen expirant fut: *Mère et Patrie*!!!

Adèle Miguet, Républicaine.

RÊVE ET RÉALITÉ.

Dans le simple réduit qu'habite l'innocence,
   Sommeillait doucement une jeune beauté ;
     Heureux instant où l'indigence
     Oublie du moins sa pauvreté.
     Des songes la troupe légère
     Erraient autour de son chevet,
Et d'une aile magique. ils changeaient en duvet
     La paille où gissait la misère.
Le plus trompeur d'eux tous vient se fixer près d'elle :
   Et déjà vous voyez ses traits s'épanouir ;
     Dors long-temps, pauvre jouvencelle,
     Le réveil te fait tant souffrir !
     Maintenant ta bouche mi-close
     Sourit au rêve du bonheur
   Qu'un Dieu perfide à ton regard expose.
Le voilà ce tableau touchant et séducteur
D'un hymen assorti, d'un amant, d'une amante,
Brûlans, d'un même feu, l'un pour l'autre formés,
Et buvant à longs traits dans la coupe enivrante,
Des plaisirs sans remords, des chastes voluptés.
     Et toi, qui ne vois pas le charme
     Tu bénis ton heureux destin ;
     Déjà ta main sèche une larme,
     Qui brillait encor sur ton sein.
     Du bonheur la riante image,
     Te semble la réalité :
     Pauvre enfant, soutiens ton courage !
La faim t'éveille, hélas ! voilà la vérité ;

Seule, éperdue sur cette terre,
Tu ne naquis que pour gémir ;
Et la vertu, d'un œil sévère,
Voit tes maux sans les adoucir.
Tendre fleur que bat la tempête,
Lorsqu'un souffle peut te briser,
Cache toi ; mais non , sur ta tête
La foudre ne peut éclater ;
Sous l'égide de la sagesse,
Le ciel sera toujours serein ,
Voile tes yeux, dérobe ta jeunesse
Aux regards du vieux libertin.
Mais il t'a vu... pauvre petite !
Tu succombas sous l'aîle du vautour !
La vertu pleure et prend la fuite...
Il a de l'or, et vient t'acheter de l'amour.
Tu frémis, cet or t'épouvante ,
En vain il fascine tes yeux,
Loin de toi... mais ta faim augmente !
La mort sourit d'un rire affreux...
De qui seras-tu la victime ?
D'elle ou de lui ? parle, tu peux choisir ?
Le pied sur l'un et l'autre abîme
Tous deux s'ouvrent pour t'engloutir...
. . . .

Vous demandez la destinée
Que lui fit un monde inhumain ?
Eh bien, tremblez ! l'infortunée,
Se vendit!!! pour avoir du pain !

ISA BELLE.

Suzanne,
Célestine, } *Directrices*.

Imprimerie de Petit, rue du Caire, n. 4.

EXTINCTION DE LA DETTE DU PÈRE.

Souscription du mois de décembre.

		fr.	cent.
MM.	Duflos	1	
	Saulnier	2	
	Un anonyme	2	
	Hauke d'Angers	5	
Mmes	Suzanne	1	
	Caroline Béranger	2	
	Caroline Noël	2	
	Ronsen	1	50
	Badier	1	
	veuve Telle	2	
	F. Dazur	5	

La Femme Nouvelle.

TRIBUNE

DES FEMMES.

Notre bannière étant à la peine, il est juste
qu'elle soit à l'honneur.
JEANNE-D'ARC.

Égalité entre tous de droits et de devoirs.

Tome Second. — 6.me Livraison. p.s 89—104.

PARIS,

AU BUREAU DE LA TRIBUNE DES FEMMES,
RUE DES JUIFS, N° 21.

ET CHEZ JOHANNEAU, LIBRAIRE, RUE DU COQ-SAINT-HONORÉ.

Janvier, 1834. — Deuxième année.

SOCIÉTÉ DES MÉTHODES D'ENSEIGNEMENS.

La question donnée à résoudre aux femmes s'use évidemment, elle touche à sa fin. Après un si grand nombre de séances consacrées à cet examen, les redites doivent peu surprendre. Cependant malgré le faible résultat qu'elles ont produit, grâce aux encouragemens tout bienveillans de MM. les sociétaires, les femmes s'enhardissent, leur éducation sociale se fait : on en a remarqué plusieurs prenant la parole avec assez d'assurance et réclamant des droits. En résumé la physionomie de cette séance doit marquer comme celle où notre cause a trouvé le plus de partisans ; les vœux des hommes qui y ont été exprimés ont sympathisé avec notre désir d'émancipation.

A la demande d'un grand nombre d'auditeurs, nous avons livré à l'impression les deux discours qui suivent et qui ont été lus à cette séance.

Suzanne.

Dans un premier discours, essayant de répondre à l'appel fait aux femmes, mais non de résoudre une question importante, qui du point de vue synthétique dont je l'avais envisagée, restait pour moi insoluble, surtout dans les limites restreintes où elle était posée; préoccupée comme je le suis d'idées générales, les réflexions que je vous ai présentées ont dû toutes partir de ce point de vue; frappée aussi, comme vous, Messieurs, du grand développement intellectuel qui se manifeste chez la femme de notre époque, j'ai cherché seulement à fixer l'attention de mon sexe sur le rôle grandiose, brillant, élevé, qui nous attend dans l'avenir, lorsque, librement et pour le bonheur de tous, nous pourrons utiliser les facultés que DIEU nous a départies.

Messieurs, plus que jamais je suis convaincue de la nécessité, de l'urgence qu'il y a de s'occuper du sort des femmes; mais aussi je sens toute la gravité de cette question. Tenter de changer la position de la femme sous un seul aspect de sa vie, c'est préparer un changement radical dans nos mœurs, dans nos lois et dans le sentiment religieux qui a dominé le passé. Et cependant nous y marchons vers cette grande révolution, car *tous*, *femmes et peuples*, gravitent vers la liberté! Nul effort humain ne suffirait plus pour entraver le char du progrès: DIEU lui-même le conduit.

Oh! ce n'est pas pour rien qu'une foule d'hommes de génie ont apparu à notre époque, se sont donnés mission de nous réhabiliter dans nos droits, et nous ont conviées à faire acte de prise de possession: c'est que les temps sont accomplis et que le verbe humain doit désormais réunir les deux sexes.

Ce n'est pas aux hommes seuls de notre époque qu'est due notre reconnaissance. Dès 1697, *de Foë*, (auteur de Robinson Crusoé), dans un chapitre exclusivement consacré aux femmes, disait : « Nous leur reprochons la faiblesse, la vanité, la coquetterie : » nous voulons qu'elles aient une âme, et nous les traitons comme » si elles n'en avaient pas ; leur éducation est déplorable. N'a-t-on » pas vu ces êtres, que nous condamnons à une ignorance ridicule, » réussir dans toutes les carrières où l'homme s'arroge la supériori- » té? N'ont-elles pas été poëtes, artistes, géomètres même? Pour- » quoi rétrécir leur pensée en exaltant leur imagination, et les ha- » bituer à la futilité et à la dissimulation? Quel avantage en retirons- » nous? Si nos compagnes étaient plus noblement, plus dignement » élevées, si le sentiment de la patrie, l'amour du beau, le culte »' des lettres leur étaient donnés dès l'enfance, n'y gagnerions-nous » pas? » Alors ces lignes remarquables passèrent inaperçues. Les femmes ne pouvaient encore réclamer leur place, ni joindre leur voix à la sienne : la violence était encore nécessaire, Messieurs; notre révolution française n'était pas faite!

Mais cet auteur, sublime par son amour de la vérité, par sa pensée élevée qui le fit planer pour ainsi dire au-dessus de tous les partis de son temps, cet auteur ne mourut pas tout entier : ses cendres se ranimèrent : écoutez ce qu'un siècle plus tard, *Condorcet*, ce profond publiciste, exprimait à son tour sur ce même sujet : « Parmi les progrès de l'esprit humain les plus importans pour le » bonheur général, nous devons compter l'entière destruction des » préjugés qui ont établi entre les deux sexes une *inégalité de droits* » funeste à celui même qu'elle favorise. On chercherait en vain » des motifs de la justifier par les différences de leur organisation » physique, par celles qu'on voudrait trouver dans la force de leur » intelligence, dans leur sensibilité morale. Cette inégalité n'a eu » d'autre origine que l'abus de la force, et c'est vainement qu'on » a essayé depuis de l'excuser par des sophismes.

» Nous montrerons combien la destruction des usages autorisés » par ce préjugé, des lois qu'il a dictées, peut contribuer à aug-

» menter le bonheur des familles, à rendre communes les vertus
» domestiques, premier fondement de toutes les autres, à *favoriser*
» *les progrès de l'instruction*, et surtout à la rendre vraiment géné-
» rale, soit parce qu'on l'étendrait aux deux sexes avec plus d'éga-
» lité, soit parce qu'elle ne peut devenir générale, même pour les
» hommes, sans le concours des mères de famille... (page 292).

» Si l'on cherche à comparer l'énergie morale des femmes à celle
» des hommes, en ayant égard aux effets nécessaires de l'inégalité
» avec laquelle les deux sexes ont été traités par les lois, par les
» institutions, par les mœurs, par les préjugés, et qu'ensuite on
» arrête ses regards sur les nombreux exemples qu'elles ont donnés
» de mépris de la mort ou de la douleur, de constance dans les ré-
» solutions et dans les sentimens, d'intrépidité, de courage, d'es-
» prit ou de grandeur, on verra que l'on est bien éloigné d'avoir
» la preuve de cette infériorité prétendue. »

Enfin, Messieurs, tout ce que notre France a produit d'hommes
remarquables dans ce siècle, tous ont senti qu'aucun système ne
pouvait plus apparaître sur la terre sans que nous n'y entrassions
pour moitié. *Saint Simon* et cette foule d'hommes de génie, ses con-
tinuateurs, ainsi que *Charles Fourier*, un des premiers savans de
notre époque, dans leurs immenses conceptions sociales, nous ont
offert cette place à l'égalité, comme l'unique moyen de régénérer
l'espèce humaine.

Pourquoi cette parole divine de *Liberté* est-elle venue nous saisir
telles que nous sommes? C'est que le monde n'a plus seulement besoin de la science mâle; c'est que l'on ne réclame de nous que du
sentiment nécessaire à cette époque d'analyse, pour vivifier cette sécheresse de raisonnement qui depuis trois siècles mine et tue la société, et n'a produit en résultat que l'*égoïsme* et le *doute*. Et vraiment, est-ce quand l'homme nous aura donné sa science, son
intelligence; est-ce quand il nous aura transformées, et en quelque
sorte *faites hommes*, qu'il nous permettra d'être libres? Mais cette
inconséquence continuerait le règne de la *force*, et la *puissance
morale* se trouverait encore subalternisée. Voyez, Messieurs, la
preuve de ce que j'avance dans l'existence des femmes arrivées à
la puisssance. Pourquoi n'ont-elles pas songé au sort déplorable de

leur sexe? C'est que leur éducation avait été faite par des hommes; elles avaient l'esprit imprégné de leurs maximes. La plupart cependant ont régné d'une manière assez remarquable pour révéler leur puissance intellectuelle, et faire pressentir ce que la *femme*, élevée et dirigée d'après sa propre nature, fera de grand, lorsque se sentant libre, elle agira d'après la spontanéité de son âme ardente et généreuse.

Je sais, Messieurs, que ce n'est point à des législateurs ayant pouvoir de transformer les lois que je m'adresse; je sais aussi qu'immédiatement vous ne pouvez réformer ce grand abus de la force physique qui pèse sur notre sexe; mais pour utiliser votre bienveillance à notre égard, favorisez tous les projets qui vous ont été développés: plusieurs méritent votre attention; je les appuie, et m'y rattache autant que ma faible coopération pourra sembler nécessaire à ces dames.

Je termine ces réflexions générales en désirant vivement que tous ceux qui m'ont prêté leur attention soient préoccupés comme je le suis, que cette cause sacré de la *femme* deviendra à un moment donné la *pensée du siècle*, et sentent comme moi qu'en face de cette cause, toute de justice et de progrès, les générations vivantes doivent prononcer sur les erreurs du passé.

24 Décembre 1853.

SUZANNE.

Mesdames, Messieurs,

Nous voici arrivés à la sixième conférence sur la même question, et sa solution est-elle plus avancée que le premier jour? Je ne le crois pas. Au contraire, la question a été tournée; au lieu de chercher les moyens d'utiliser l'intelligence des femmes, on a cherché ceux de la développer. Ceci constate un fait : c'est que la question

a été mal posée ; mais ici, avant de vous dire ma pensée tout entière, j'ai besoin de vous exprimer ma reconnaissance pour la
bonne volonté que vous avez eue de nous être utiles. Je vous en remercie pour moi, et je sens que toutes les femmes qui auront le
sentiment de leur valeur vous en remercieront. Vous avez touché là
une question pleine de vie, et qui intéresse toute la société ; c'est ce
que prouve la foule qui se porte à vos séances, et dont rien ne peut
lasser la patience, pas même les discours qui voudraient nous ramener au premier âge du monde. Mais je l'ai dit : la question a été mal
posée, et je vais dire pourquoi. Cette question : *quels sont les
moyens de développer le grand mouvement intellectuel qui se manifeste chez les femmes?* a presque l'air de l'annonce de la découverte
d'un nouveau produit, qu'on se demande à quoi on pourra l'utiliser.
Oh ! Messieurs, je ne pense pas que telle ait été votre pensée ; mais on
pourrait la traduire ainsi. Je ne crois pas que vous ayez voulu dénier
l'intelligence aux femmes ; les faits parlent trop haut pour qu'on
puisse le faire. Vous avez constaté un grand mouvement intellectuel
chez elles, et vous avez demandé à quoi on pourrait l'utiliser. Il eût
peut-être auparavant fallu rechercher ce qui l'occasionnait. Et pour
cela, il n'est besoin que de jeter un coup-d'œil sur les dernières
quarante années de notre histoire, et là, on trouvera la cause de ce
mouvement, qui est aussi sensible chez le peuple que chez les
femmes. Car ce n'est pas pour le vain plaisir de nous raconter des
histoires, que les femmes écrivent ; c'est presque toujours pour porter la main sur une des plaies de notre ordre social ; c'est pour nous
révéler quelques-unes de ces douleurs intimes qui déchirent l'âme.
En effet, lisez tous les livres de femmes, publiés aujourd'hui ; n'y
trouverez-vous pas presque toujours le cri d'une âme brisée, qui
vient demander à la société compte des douleurs qu'elle lui a fait
souffrir. Oh ! les femmes ne demandent pas qu'on utilise leur intelligence, elles demandent qu'on n'oppose pas d'entraves à leur développement, qu'on ne gêne pas chez elles les élans du cœur et de la pensée, qu'on ne les étouffe pas sous le poids des préjugés. Déliez
leurs entraves, et vous verrez qu'elles sauront bientôt à quoi faire
servir leur intelligence ; leur cœur leur sera un meilleur guide que
tous les raisonnemens qu'on pourra faire. Je me surprends quelque-

fois à sourire en pensant à cette question ; mais que diriez-vous, hommes, si nous, femmes, nous nous réunissions et faisions à votre égard la même question que vous faites pour nous ? et, en vérité, je ne sais pas de quel droit on pourrait y trouver à redire N'avons-nous pas un cœur, une intelligence ? Ne sommes-nous pas aussi aptes à sentir, à comprendre, à juger ? Et ne me faites pas observer que le même fait n'est pas à constater chez les hommes ; je vous répondrai que, pour le faire, il faudrait n'être pas, comme moi, fille du peuple et vivre parmi lui ; car là, ce besoin de développer l'intelligence est plus fort chez les hommes que chez les femmes. Par une raison facile à comprendre, depuis quarante ans on s'est beaucoup occupé de l'éducation des hommes du peuple, et on n'a presque rien fait pour celle des femmes ; il y aurait donc aussi à voir à quoi on pourrait utiliser ce mouvement, et chacun a senti qu'il ne pourrait s'utiliser, se régulariser, qu'alors qu'on aurait apporté un remède à notre ordre social. Les femmes sont dans la même position que le peuple : comme lui, elles souffrent et sont opprimées ; comme lui, elles demandent qu'on reconnaisse leurs droits ; pas plus que lui, elles ne veulent s'affranchir de leurs devoirs ; elles savent que plus on a de droits, plus on a de devoirs à remplir ; mais *elles ne veulent plus de devoirs sans droits.* Ce n'est pas, ainsi qu'on l'a proposé, en ouvrant des cours de législation, qu'on apportera un remède à leur sort ; ce n'est pas en ornant leur esprit de telle ou telle science, qu'on leur rendra pleine justice. Certes, ceci est de droit : mais à quoi nous servira d'être plus savantes, si les hommes nous dénient le droit d'être leurs égales, s'ils veulent toujours nous traiter en mineures ? Je sais qu'ici je ne résous, pas plus que les autres, la question ; mais c'est qu'elle n'est pas résolvable. Elle est immense, elle touche à tous les intérêts, à toutes les existences de femmes. Ce qu'il faut, c'est appeler la plus grande publicité sur ces conférences, afin que chaque femme vienne y révéler ses souffrances et apporter une pierre au nouvel édifice qui va s'élever. Le temps est venu, où, toutes les douleurs de femmes étant connues, on cherchera à y apporter remède ; mais ce n'est pas en cherchant les moyens d'utiliser leur intelligence, qu'on y parviendra. Toutes les personnes qui assistent à ces conférences l'ont bien senti. Aussi est-ce peu là-dessus qu'ont roulé les discours ; les hommes surtout ont bien compris qu'ici s'agitait toute une question sociale ; aussi avons-nous eu nos adversaires. Je ne sais si, comme femme, nous devons répondre à celui qui a dit , qu'au lieu de l'égalité c'était la domination que nous voulions ; la protestation faite ici a été assez éclatante pour que je n'aie pas besoin de la renouveler; cependant je ne puis m'empêcher de dire que je plains les hommes qui savent si peu apprécier les femmes , et qui ne veulent *voir en elles qu'une machine créée par Dieu, pour leur rendre la vie douce et agréable*. En vérité ce serait *rendre Dieu bien injuste* que de lui prêter de telles pensées. Oh ! non , si telle eût été sa volonté, il eût fait de nous une *machine inerte*. Mais, du moment où il nous a donné un cœur, une intelligence, c'est qu'il a voulu nous faire égales à l'homme. Il y a bien du despotisme dans cette pensée : *la femme doit avoir juste de science ce qu'il en faut pour plaire à son mari*. Vous ne voudriez pas d'une *femme ignorante ;* vous *la voulez instruite* assez pour *vous comprendre ,* jamais assez *pour vous égaler*. Vous nous objectez la force physique , et vous ne comptez pour rien la force morale , que tant de femmes ont prouvé qu'elles possédaient au plus haut degré. Voyezvous, Dieu nous a départi , à chacun , des facultés différentes , il est vrai , mais égales dans leur différence , concourant au même but , le bien général. Ceci est senti aujourd'hui. Combien d'hommes ont reconnu nos droits, combien de femmes les ont réclamés!.. C'est à elles que je m'adresse : femmes, qui, par votre position , votre éducation , avez pu, les premières, comprendre et exprimer ces idées , ne restez pas plus long-temps inactives; faites un appel à toutes les femmes , et, quelle que soit leur position sociale, elles vous répondront, que ce mouvement, qu'on a constaté , ne soit plus un mouvement isolé, mais un mouvement général. Et vous, hommes, qui avez senti la justice de notre cause, aidez-nous de vos efforts, nous avons besoin de vos secours ; notre cause est générale, car elle intéresse toute la société. Nous savons qu'elle est juste, et nul obstacle ne nous empêchera de la poursuivre; nous savons que la justice et le droit sont pour nous.

Marie Reine.

VARIÉTÉS,

ANGÈLE,

DRAME EN CINQ ACTES, PAR M. ALEXANDRE DUMAS.

Le drame d'*Angèle* fera révolution dans notre littérature : c'est notre époque prise sur le fait : chaque type, représenté par le poëte, est une vérité palpitante, qui résume toute une série de positions : c'est encore du *présent*, mais ce *présent*, en mettant la plaie morale à nu, permettra aux auteurs, comprenant leur siècle comme M. Dumas, d'améliorer ou plutôt de transformer les mœurs par l'éducation, si puissante sur le peuple, des représentations dramatiques.

Dans ce drame, le préjugé aussi absurde que cruel, que le monde fait peser sur la *femme*, et qui rend la jeunesse, l'inexpérience, responsable des torts d'un sexe qui se prétend le régulateur de la société, cette grande inconséquence dont la *femme* est seule victime, est représentée d'une manière vraie et touchante. M. *Dumas* n'est pas seulement poëte ; on sent encore en lui le philosophe ; il ne s'arrête pas comme tant d'autres de ses collègues à saisir *un fait vivant*, et à le montrer au public embelli de talent et de poésie, il remonte à la *cause*, et dit: là est le mal !

C'est dans la vie exceptionnelle, ou plutôt dans les hautes régions sociales que se passe l'action.

La maladie du siècle, le hideux égoïsme, qui se joue froidement de tout ce qui est sacré, a atteint le cœur du baron *Dalvimare*, courtisan de tous les règnes, dont l'intérêt personnel est la seule loi et le seul mobile. Il vient d'être frappé cruellement dans son ambition par la révolution de juillet. Pour lui c'est toute une position à se refaire, ce sont de nouveaux ressorts à faire jouer: aussi la belle marquise de Rieux qui, naguère croyant à l'amour, n'avait pas craint de braver toutes considérations pour suivre aux eaux Dalvimare, maintenant n'ayant plus d'influence, ne pouvant plus dans les circonstances présentes lui être utile, perd auprès de lui toute sa valeur. Dalvimare se voit forcé, conformément à ses projets, de briser avec elle. Comme dernière marque d'estime, il veut bien penser haut devant la marquise de Rieux, et lui expose froidement, cruellement, le mystère de sa vie passée: lui aussi a cru un tems aux promesses du monde; sa vie commença comme celle de tous les jeunes gens de son rang, c'est-à-dire par une éducation de collège, quelques jouissances de luxe, et l'attente d'un brillant avenir; mais à vingt ans, à peine était-il entré dans le monde, que tous ces avantages lui furent enlevés : son père mourut ; il perdit la presque totalité de sa fortune par un procès. Courageux et fort, il forma le projet de la relever, projet insensé, car il ne savait rien du monde auquel il allait avoir affaire. Son éducation universitaire, si peu en rapport avec la société réelle, ne lui avait rien appris de ce qui sert à la vie sociale ; il se brisa sans succès contre le monde, et au bout de quatre ans de lutte, il avait épuisé toutes ses ressources. Il fut un moment las, dégoûté, désespéré ; il y eut pour lui un instant de crise horrible dans sa vie, un changement moral; des idées de mort se combattirent quelque temps dans sa pensée ; enfin il vécut, il s'en tint au suicide moral ; il cessa d'être le jeune homme candide et loyal, il accepta la vie telle qu'elle lui avait apparu, c'est-à-dire une guerre à mort entre les individus où les plus adroits, les plus forts peuvent survivre. Il se sentait jeune, plein d'agrémens ; les femmes devaient se trouver sur sa route ; il fonda tous ses moyens de succès sur leur amour, sur leur dévoûment à ce qu'elles aiment. Cette puissance de fascination que d'autres exercent sur elles pour leur plaisir, il s'en servit à la fois pour son plaisir et sa fortune ; par elles il obtint des places, des honneurs, des biens; déjà par cette voie il avait élevé l'édifice de sa fortune, lorsque la révolution des trois jours, abattant le faîte de la société, vint de nouveau renverser sa position. Cette fois le désespoir ne vint pas s'emparer de lui comme à l'époque de ses jeunes ans ; il se conforma au nouveau langage, et, sans perdre de temps, il se remit à l'œuvre...

Là commence le drame d'*Angèle.*

La belle et naïve *Angèle,* jeune fille de seize ans, est le nouvel instrument que *Dalvimare* prétend employer pour remonter au rang que déjà il avait conquis. Angèle est fille d'un général de l'Empire, tombé à Waterloo, et de la comtesse de Gaston. Cette veuve, jeune encore, que les circonstances politiques viennent de mettre en crédit, est prête à se rendre auprès du ministre en faveur. Cette position si désirable ne peut manquer d'être très-avantageuse à l'heureux gendre qu'elle choisira, aussi le but de *Dalvimare* est-il de séduire complètement la jeune *Angèle,* afin de mettre sa famille dans l'impossibilité de la lui refuser pour épouse. Tous ses plans réussissent. La faible surveillance d'une vieille tante ne put empêcher cette jeune enfant d'être la proie du séducteur. Un moment fascinée, elle croit aimer, elle n'est qu'éblouie, subjuguée, elle succombe !... Pour un moment d'erreur, voilà une destinée de femme jetée au vent de l'adversité. Qu'elle reste unie à cet homme seulement aux yeux de Dieu, ou qu'elle devienne *Sienne* par la sanction des lois, n'est-ce pas une monstrueuse union de consacrée ? Elle, si pure, si franche, d'une imagination si virginale, unie à cet égoïste, vicié au cœur, à cet être vampirique qui ne se nourrit que de la substance des faibles et de pures !

A côté de ces divers personnages, le poëte en a placé un autre non moins important. D'abord peu lié au drame, *Henri Muller* semble placé là pour faire saillir la physionomie de *Dalvimare* par le contraste de leurs caractères. Oh ! celui-ci croit à l'amour ; il y croit, comme dans l'ordre physique de la nature il croit au soleil, à sa lumière, à sa chaleur bienfaisante ; il sent bien que la vie de la femme ne doit pas être un jeu pour l'homme, que c'est chose sacrée que relation avec elle, que l'immoralité actuelle consiste tout entière à faire de la vie d'un être faible un objet de plaisir, et à le briser ensuite lorsqu'il devient utile. Il éprouve pour Angèle l'amour passionné d'un amant et la sollicitude d'un ami ; il n'ose pas faire connaître cet amour, car lui n'aurait qu'une vie triste et douloureuse à faire partager. Hélas! autant son âme est forte, autant dans ce corps faible et débile les sources de la vie semblent prêtes à s'épuiser. Il concentre sa peine, mais il se réserve le droit de veiller sur cette jeune existence qui lui est si chère ; son rôle est tout de dévoûment ; c'est l'ange gardien d'*Angèle* ; il la suit à Paris, lorsque cette jeune infortunée, désespérée d'attendre en vain son amant, prête à donner le jour à un autre infortuné, descend chez la comtesse sa mère, la veille du jour où celle-ci doit épouser le baron *Dalvimare*. Enfin, après une complication d'évènemens aussi intéressans que fortement liés entre eux, *Dalvimare* se trouve entre trois femmes qu'il a également trahies ; il veut échapper par la fuite à la honte de sa position, sans égard aux prières de Mme de Gaston, qui le supplie à genoux de rendre à sa fille l'honneur qu'il lui a ravi ; il est prêt à fuir lâchement de la maison : *Henri Muller* a entendu donner l'ordre du départ, il arrête Dalvimare, lui propose le combat à mort ; ils sortent !...

Certes le dénoûment de ce drame est plein d'intérêt, mais j'aurais désiré que ce fût par une autre bouche que celle du noble *Henri* que ces paroles se fissent entendre: « *Angèle*, il y avait sous le ciel un homme devant lequel vous auriez toujours eu à rougir, je l'ai tué. » Ce peu de mots ne constate-t-il pas d'une manière évidente l'atroce préjugé qui nous écrase. Quoi, un ange d'innocence, ignorant le *bien* et *le mal*, est souillé par le souffle du démon, et c'est cette frêle créature qui doit rougir ! Mais pourquoi la honte? Qu'est-ce que la vertu? Autant battre des mains lorsqu'un faible oiseau tombe fasciné sous l'œil du reptile ; quand donc la femme se sentira-t-elle assez forte pour relever dignement la tête en face de semblables jugemens, et se rire de tous ces dégradans préjugés ?

Le principal mérite de cette pièce est dans la fidèle représentation de la société actuelle et dans les réflexions qu'elle fait naître. A voir le sort que le monde réserve aux imaginations vives, aux âmes tendres, quelle est la femme qui ne tremble pas de livrer tout son avenir à cette impulsion si forte de la nature, à ce besoin d'aimer?

Le retour à la considéra ion est-il possible dans la société pour celle qui cède à son cœur? et pourtant, si éprouver l'amour est un tort qui doive influer sur la destinée d'une femme, pourquoi supporte-t-elle seule le blâme? Que l'anathème, *s'il est juste*, atteigne l'homme également, car dans toute union intime, n'y a-t-il pas toujours deux coupables ou deux innocens? Et cependant l'homme, après plusieurs unions, où les sens seuls interviennent, où l'amour ne joue qu'un rôle très secondaire, rentre dans la société, prend un rang, un état, et nouveau soutien des hypocrites bonnes mœurs, conformant son langage au langage adopté, *est* le premier à traiter comme *parias* les faibles créatures qui lui ont procuré le plus de bonheur! Oh! honte... Quelle inconséquence dans les hommes de s'en tenir comme formule et comme base des jugemens, des actes de la vie, à la morale chrétienne, et de la violer constamment; Elle ne répond donc pas à tous les besoins? Elle ne satisfait donc pas à toutes les conditions voulues pour le bonheur individuel? C'est donc une grande erreur qui s'est propagée jusqu'à nos jours?.. Que les hommes de bonne foi se recueillent pour interroger leur cœur, et qu'ils soutiennent sans rougir que cette loi morale, qu'ils nous ont imposée, répond au sentiment de la justice éternelle!.

Dans la pièce de M. *Dumas*, le caractère de *Dalvimare*, quoique un peu forcé, n'est-il pas le résumé des hommes de notre époque, c'est-à-dire égoïste, donnant pour but à leurs actions je ne sais quel faux intérêt personnel, *idole* auquel ils sacrifient la poésie, l'amour, le dévoûment, tout ce qui constitue la *vie morale*, et fait de l'homme une créature divine. Aussi notre poésie, notre littérature, n'est-elle qu'un long cri de détresse, jeté vers Dieu, pour qu'il dévoile *sa face*, et nous redonne courage à vivre.

Le caractère d'*Henri Muller* n'est pas exceptionnel, ce n'est non plus le caractère du mourant de notre époque, mais bien celui des hommes, jeunes d'avenir, qui travaillent activement, pour le bonheur des hommes et pour celui des femmes, à changer les rapports des sexes, à les baser sur la *justice*, sur *l'égalité*, sur *l'amour*, et surtout *sur la liberté d'un saint divorce*. L'âme de la femme, foyer d'amour, ne cherche-t-elle pas toujours à s'attacher à une autre âme, à échanger la chaleureuse émotion dont elle est remplie. Dans cette précipitation de donner et de recevoir le bonheur, la jeune fille se trompe, souvent prend le besoin d'aimer pour l'amour même, et se précipite en aveugle dans un mariage indissoluble, sentant quelquefois le lendemain la pesanteur des chaînes dont elle s'est garottée pour la vie.... Si plus tard, mieux éclairée, son cœur vient à faire un autre choix... Hélas! pauvre femme, ne raisonnez pas, ne sentez que dans des circonstances données, car vous n'avez que la cruelle alternative, ou de vous révolter contre la loi, alors courbez votre front sous le mépris, ou de vous soumettre à la loi, alors résignez-vous au malheur de vivre d'une vie toute végétative, car, dans l'état d'esclavage où la femme est réduite, le lien qui enlace sa destinée, c'est toujours *la douleur*. Quelle est celle qui n'a pas répété mille fois avec le poète italien? « Loi des humains, inhumain » ouvrage!.. Si pécher est si doux, et ne pas pécher si nécessaire, » trop imparfaite est la nature qui se soulève contre la loi, ou trop » dure est la loi qui offense la nature! »

Suzanne.

Qui de nous n'a pu voir, par un beau ciel d'orage,
Ces nuages géans s'entrechoquer entr'eux,
Puis, succombant enfin en leur lutte sauvage,
Se briser, s'éclaircir, et disparaître aux yeux.
Alors, descend du ciel la féconde rosée;
L'air devient calme et frais, la terre est embaumée;
Le Zéphir onduleux fait balancer la fleur;
L'oiseau sort de son nid, oubliant sa frayeur,
Recommence à chanter, à bénir la nature,
Et partout du bonheur la douce voix murmure.

Tel, je vois s'engager la lutte universelle
Du présent qui vieillit et de l'ère nouvelle;
Tel un peuple lassé d'un orgueilleux blason
Aux géans du pouvoir en demande raison;
Mais, fatigué du choc et craignant pour sa vie,
Le peuple appelle à lui ces géans du génie,
Ces hommes au front large, au regard assuré,
Dont la voix est sonore et le ton inspiré,
Qui, sachant tout penser en leur âme profonde,
Semblent naître ici bas pour éclairer le monde.

Géans contre géans, le combat est douteux;
Mais le génie l'emporte, et le monde est heureux:
Le grossier préjugé, à la gothique allure,
S'enfuit en nous cachant sa comique figure.
Le travailleur, content et fier de son labeur,
Ne craint plus la disette et nargue le malheur:

Enfin le peuple est libre! oui, le peuple et la femme!
L'un se peut-il sans l'autre; un corps vit-il sans âme?
Le Dieu, qui, de deux êtres a fait le genre humain,
Ne fit pas l'un esclave et l'autre souverain!

Si tes fers sont brisés, ne crains plus ta faiblesse,
Femme; ton cœur est fort, et malgré sa rudesse,
La volonté de fer a plié près de toi
Quand tu étais sujette, et que l'homme était roi.
Maintenant qu'au pouvoir lui-même te convie,
Montes-y rarement: le bonheur de la vie
Est plutôt dans l'amour que dans la vanité!
Et quoi de préférable à la maternité?
Est-il rien au-dessus de ton titre de mère?
Tu donnes l'existence, on te doit la lumière!

Enfant, ton front est pur et ton visage est beau;
Ta mère avec bonheur contemple ton berceau,
Qu'elle aurait fui naguère! et toi, pauvre victime,
De ta naissance obscure on t'aurait fait un crime!
Car tu dois à l'amour la lumière des cieux:
Chétif et languissant avec des malheureux,
L'opprobre et la misère auraient rongé ta vie!
Mais ta mère, aujourd'hui, lavant l'ignominie
De son front et du tien, te montre avec fierté;
L'amour et la nature ont enfin liberté!

Isabelle.

Suzanne,
Célestine, } *Directrices.*

Imprimerie de Petit, rue du Caire, n. 4.

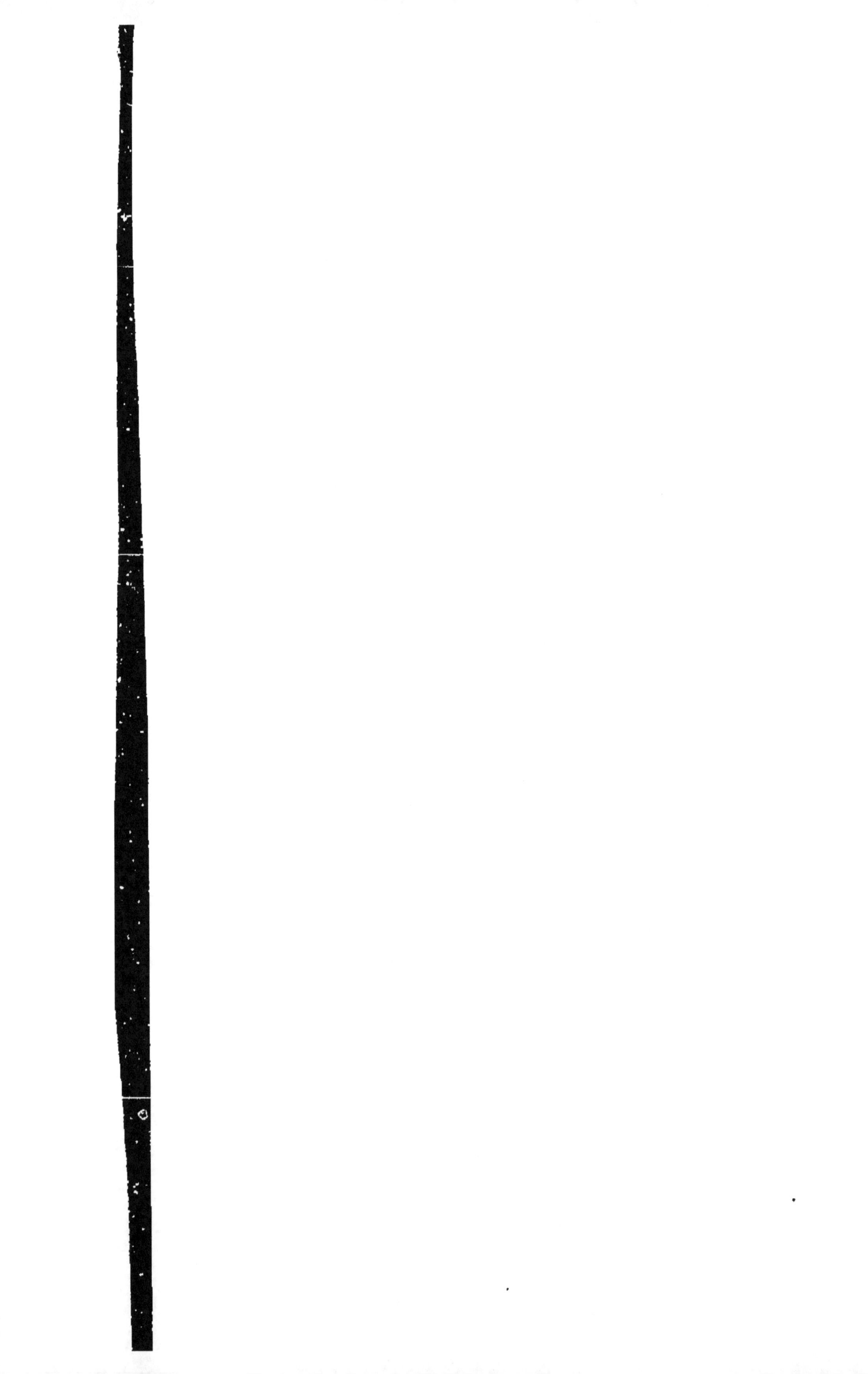

La Femme Nouvelle;

TRIBUNE DES FEMMES,

Paraît deux fois par mois, par livraison d'une feuille ou plus.

PRIX POUR PARIS.	PRIX POUR LES DÉPARTEMENS.
2 fr. 50 c. pour 5 mois.	3 fr. » pour 5 mois.
5 » pour 6 mois.	6 » pour 6 mois.
10 » pour l'année.	12 » pour l'année.

Tome premier de LA TRIBUNE DES FEMMES, 1 vol. in-8°, 4 f. et 5 f. par la poste.

Rue des Juifs, N° 21; et chez JOHANNEAU, libraire, rue du Coq-St-Honoré.

AFFRANCHIR LETTRES ET ENVOIS.

FOI NOUVELLE — LIVRE DES ACTES, publié par les Femmes;

Prix 1 fr. par mois.

A Paris, chez Mme Marie Talon, au Cab. de lecture, rue Neuve-du-Luxembourg, n. 28.

AMOUR A TOUS, Journal de la Religion Saint-Simonienne, publié à Toulon.

A Toulon, rue de Pradel, n.

A Paris, chez Johanneau, libraire, rue du Coq Saint-Honoré.

LIBERTÉ FEMMES (brochure in-8, prix 50 c. par Pol Justus), publié à Lyon chez Mme Durval, libraire, place des Célestins.

A Paris, au bureau de *la Tribune des Femmes,*

Et chez Johanneau, libraire, rue du Coq-Saint-Honoré.

Imp. de PETIT, rue du Caire, 4.

La Femme Nouvelle

TRIBUNE

DES FEMMES.

Notre législature étant de la peine, il est juste
qu'elle soit à l'honneur.

— JEANNE D'ARC.

Égalité entre tous de droits et de devoirs.

PARIS

TRIBUNE

DES FEMMES.

SOCIÉTÉ DES MÉTHODES D'ENSEIGNEMENT.

Dans la séance du 28 janvier, séance qui est venue mettre fin à cette longue discussion commencée le 27 août dernier, M. le Président a clos ces conférences en avouant que la question restait insoluble. Mais pourquoi l'avoir ainsi posée? Ou bien, pourquoi n'avoir pas permis qu'elle fût envisagée d'une manière plus large, et qu'elle se vivifiât par la discussion? Pourquoi, lorsqu'il s'agit du sort des femmes, le grand cri jeté par *Lélia* : IMPUISSANCE, se fait-il aussitôt entendre? C'est que l'homme ou ne comprend pas ou ne veut pas avouer que les bases sur lesquelles s'appuie la Société reposent sur un principe faux qui tend à la faire crouler, si l'on n'y porte une main vigoureuse; c'est aussi que, dans cette cause, l'homme est *juge* et *partie*, et que sa conscience n'a pas encore éveillé dans son cœur le désir *sincère* d'améliorer notre sort.

Enfin, après six mois, ce faible bruit, qui avait stimulé quelque peu les esprits, vient de s'éteindre. Oui, Lélia, l'impuissance du siècle, si bien décrite par toi, cette plaie morale, cause de désespoir pour les âmes ardentes, est venue comprimer les efforts de quelques femmes courageuses, qui avaient senti que, pour arriver aux détails, il fallait partir du grand principe de l'*égalité des sexes*. Elles ont vainement essayé de réclamer leurs *droits* et la *liberté*. Rappelées à la question, et renfermées dans cet étroit espace, elles ont résolu de se taire et de chercher ailleurs d'autres auxiliaires, pour faire triompher leur sainte cause....

Femmes, devons-nous donc désespérer de nous-mêmes comme la poétique *Lélia*, parce que le présent est sombre, chargé de nuages, qui nous empêchent, en France, de distinguer notre *place* et de réaliser nos *pensées d'avenir*. Oh ! non ; pour vous, qui sentez dans votre cœur un désir ardent et religieux d'affranchir notre sexe, pour vous, Dieu n'a point limité l'espace : écoutez, écoutez : toutes les voix mâles d'avenir ne s'accordent-elles pas toutes pour nous indiquer la route à suivre? L'*Orient*, l'*Orient*, disent les courageux apôtres de l'affranchissement du travailleur et des femmes; l'*Orient*, l'*Orient*, crie aussi notre poëte législateur à la tribune de France ; le *fatalisme*, cette fois, parle comme la *raison* (a dit à la tribune le poëte des Harmonies); « *tout* a le sentiment de ce qui doit surgir. » Oui, femmes ; unies aux hommes, celles qui entreprendront, par un sentiment humanitaire, de régénérer ces peuples par le travail, par les arts, par la douceur de nos mœurs, celles-là seront grandes, et mériteront, par leur dévoûment, la reconnaissance du monde et la réhabilitation complète de la FEMME !

SUZANNE.

UN MOT DE RÉPONSE

AU NOUVEL ARTICLE DES DÉBATS SUR ALEXANDRE DUMAS.

Par F. DAZUR.

Il semblerait qu'une note de M. Dumas, dans *Gaule et France*, ait trahi son côté faible à quelqu'un qui avait bien envie de le trouver. « Cette théorie, qu'elle soit exacte ou fausse, etc., dit-il en note, nous appartient entièrement. » Bon ! dit l'investigateur, qui se rappelle à propos la fable de Guillot, c'est par là que nous l'attaquerons ! Et il se met à éplucher tous les ouvrages de M. Al. Dumas, pour trouver qu'ils ne lui appartiennent point. Que résulte-t-il cependant de ces recherches ? D'abord, le triomphe de la méthode Jacotot : il semble, d'après la critique des Débats, que M. Al. Dumas n'ait réussi que pour avoir suivi la nouvelle marche tracée par ce professeur. Pourquoi donc, cependant, y en a-t-il si peu qui arrivent à ces résultats du génie au moyen de cette facile mosaïque ? Les couleurs et les pièces sont entre les mains de tout le monde ; les sources sont ouvertes à tous ; pourquoi tous n'ont-ils pas le même bonheur de succès ? Pourquoi, sans pouvoir souvent signaler les emprunts d'un auteur, avons-nous si vite reconnu le froid copiste, le pâle imitateur, l'écrivain sans originalité ? C'est qu'il n'y a que le génie qui puisse tirer parti du génie comme de la nature ; et l'on aura beau accumuler contre M. Al. Dumas les citations, (fussent-elles exactes !) on ne parviendra pas à le réduire à zéro, à faire accroire, comme on le voudrait, *qu'il n'a pas de style*, et donc, *qu'il n'existe pas, puisque le style, c'est l'homme*. Il ne restera pas moins lui-même que Racine, que l'on veut bien excuser de s'être approprié des textes étrangers; et pour ne citer entre autres qu'un génie encore plus absolu et plus spontané, Bossuet est rempli de Tertullien et des Pères de l'Eglise.

Prenez donc, trouvez ou inventez, ce qui revient au même, la création n'est pas de l'homme, combinez, assimilez-vous tout ce que vous voudrez, pourvu que vous marquiez vos transformations d'une empreinte qui soit aussi bien vôtre, aussi unique, que celle des Bossuet, des Racine, des Al. Dumas. Mais quelle mauvaise volonté, pour ne pas dire mauvaise foi, de lui reprocher d'avoir pris des scènes dans Anquetil, dans l'histoire! *Et peut-être, et sans doute, et probablement*, en beaucoup d'autres sources moins connues. « Est-ce que je sais, » moi, ajoute le ministériel journaliste, dans quels livres vous » êtes allé fouiller? Est-ce que je sais s'il n'y a pas dans vos » drames du turc, du chinois, du malabare ou du samoyède!»

Cependant un critique si bien informé veut qu'on le croie sur parole; dans l'impossibilité de tout citer, il faut que ce soit *affaire de confiance entre le public et lui*! Nous ne vérifierons pas tout, certainement; mais voici une erreur qui nous saute trop hardiment aux yeux, pour ne pas la redresser : le critique des Débats a tellement à cœur d'infirmer l'autorité du nom de M. Dumas, qu'il ne distingue plus le vrai du faux dans l'aveuglément de son zèle; l'auteur de *Gaule et France* pourrait devenir si dangereux en politique, qu'il faut commencer par lui ôter tout crédit comme poëte! Or, il vient nous dire que *Christine* est pillée d'*Hernani*; Christine, qui a été faite, nous ne disons pas seulement jouée, mais faite avant Hernani! Il est aisé de confondre les dates; mais nous ne pouvons nous y méprendre, nous qui avons entendu la première lecture de Christine, alors que personne n'avait encore l'idée d'Hernani. M. Victor Hugo assistait à cette lecture; nous l'avons vu tirer à part son jeune émule, et, le tenant à deux mains par son habit, lui prodiguer les louanges et les observations les plus animées; il ne paraissait nullement lui reprocher de l'avoir pillé. Piller! quand cette pièce accuse au contraire le trop de sève, l'imagination exubérante de la jeunesse! Les cinq actes ordinaires n'avaient pas suffi au nouveau poëte; il n'en avait pu mettre moins de sept, afin de nous montrer la Suède, la France et l'Italie; jamais tableau plus brillant, plus riche, plus abondamment varié n'avait passé devant nos yeux avec un charme plus magique. — Il a été obligé d'en retrancher à la scène, d'émonder son œuvre comme un jeune arbre, celui qu'on vient si désespérément taxer de stérilité. Mais à la lecture, il n'y avait rien de trop; elle parut très-courte, tant le poëte l'enlevait avec chaleur et rapidité.

Une autre fois, nous lui avons entendu dire de plus douces poésies, des élégies, des rêves, avec une délicieuse lenteur, qui nous permettait de les retenir en partie. Nous nous rappelons, entre autres, quelques fragmens qui reviennent à notre sujet, car le critique des *Débats* pourrait dire, à cause du titre, que c'est encore un plagiat; le titre, en effet, est celui de l'une des plus touchantes et des plus célèbres méditations de Lamartine; nous citerons ce que nous nous rappelons de la pièce inédite de M. Alexandre Dumas; malgré les lacunes, on pourra juger s'il y eut plagiat, ou si ce fut une grande et heureuse hardiesse, et qui n'appartenait qu'à un grand poëte, de chanter aussi après Lamartine.

LE LAC.

Sur les rives du lac l'ombre était descendue.
Comme un miroir d'argent, sa limpide étendue,
Des astres de la nuit réfléchissait le cours.
. . . .
Je voguais avec elle,
Avec elle tous mes amours.

. . . .
Il était donc rempli ce rêve de mon âme !
Et j'étais, à la fin, compris par une femme !
Elle avait accepté l'amour et ses douleurs :
Cet amour dévorant que le ciel nous envie,
     Qui fait toute une vie
     De félicités ou de pleurs.

Il est de ces momens, où l'âme plus légère
Semble par son bonheur à ce monde étrangère,
Où l'on croirait que Dieu nous sourit pour toujours,
Si le cœur ne sentait, par un instinct étrange,
     Que pour eux, en échange,
     Le malheur aura bien des jours.

Eh bien ! que l'avenir, ainsi qu'il est, demeure !
Il ne saurait trop cher faire payer une heure,
Quand cette heure, pour nous, eut de si doux attraits !
Que toujours elle fut l'espoir de la pensée,
     Et qu'une fois passée,
     On doit ne l'oublier jamais !

Elle disait . Ami, puisque Dieu nous rassemble,
. . . . nous passerons ensemble,
Voyageurs égarés au terrestre séjour ;
L'amour a du tombeau sondé le grand mystère. . . .
    . . . .
    . . . .

Nous recevons d'Angleterre plusieurs lettres de femmes, publiées à Londres dans le journal *la Crise*. Nous nous empressons de faire partager à nos lectrices le plaisir que nous avons ressenti de trouver chez les Anglaises un sentiment si avancé sur la liberté de *la femme*. L'une d'elles, *Concordia*, s'adresse à M. *Robert Owen*, comme en France, nous pourrions à peu près nous adresser à M. *Charles Fourier*, qui est ici ce que M. *Owen* est en Angleterre, un homme de bonne foi qui désire de tout son cœur, de toutes les facultés de son génie, améliorer l'humaine espèce ; nous pourrions aussi lui dire : vous ne connaissez ni ne comprenez *la femme*. Comment votre cœur d'homme pourrait-il être un juste appréciateur de nos sentimens, puisque l'état de subalternité, où votre sexe nous retient, n'a jamais favorisé notre libre développement, et cependant vous osez appeler le monde à pratiquer un nouveau système social !

Législateurs, et vous tous, arrangeurs de systèmes, vous aurez beau désormais nous bâtir de gracieux boudoirs. Si *fatalement* nous devons les occuper sans y rien changer, bientôt nous nous y sentirons tristes et maussades ; si d'abord nous ne pouvons en ordonner les dispositions, les décors, tout ce qui tient au goût, au sentiment, nous renonçons à vous reconnaître pour arbitre de notre bonheur, et vous refusons le droit de toucher en rien à notre destinée.

Émancipation complète de la femme est la raison essentielle pour commencer à travailler à la réalisation d'un nouveau monde.

SUZANNE.

A M. ROBERT OWEN.

(*Extrait de la Crisis.*)

Cher monsieur,

En regardant sur vos journaux, j'aperçois que vous avez l'intention de publier un code de lois pour l'humaine espèce, femme aussi bien qu'homme. Quand même, ce dont il est impossible de douter, la plus grande bienveillance de sentimens vous ferait agir, et la plus grande expérience, acquise par un individu, vous guiderait, permettez-moi de vous faire remarquer que, semblable à tous ceux qui vous ont précédé dans cette entreprise, vous commencez votre tâche seulement avec une connaissance particelle de la nature de ceux pour lesquels vous travaillez. Vous pouvez faire des lois pour les hommes, et les faire sages, parce que vous les comprenez; mais, lorsque vous voulez entreprendre de faire des lois pour les femmes, je le répète, vous agissez avec les mêmes désavantages qui ont accompagné les efforts des précédens législateurs; vous pouvez vous imaginer que vous possédez des notions plus certaines, d'après lesquelles vous procéderez, à cause que le caractère des femmes a depuis été plus examiné, mieux entendu et en conséquence mieux apprécié; et certainement, en possédant cette connaissance, il est probable que vous échapperez à quantité d'erreurs dans lesquelles l'ignorance a, jusqu'à présent, fait tomber les autres; mais vous êtes, malgré cela, inhabile pour juger beaucoup de choses qu'il est important à un législateur de savoir, toutes choses que la femme, d'un esprit fin et cultivé, peut *seule* expliquer, peut-être *seule* compren-

dre. Non, je crois que vous ne réussirez pas à faire des régle-
mens convenables pour des êtres, dont les sentimens et les habitudes sont aussi peu connus de chacun d'eux. — Jamais il
ne pourra exister un code de lois faites en harmonie avec la
nature et la *vérité*, tant qu'il ne sera pas permis à la femme
d'avoir voix pour les ordonnances qui la concernent tant; enfin
qu'il ne lui sera pas permis d'être *législatrice pour elle* : il est
vrai qu'il est des principes universels de sentiment et d'action,
auxquels les hommes et les femmes se conforment également;
mais il est aussi des principes et des sentimens individuels particuliers à chaque sexe. Il est utile, naturel et nécessaire que le
plus petit de ces derniers soit autant considéré que les précédens. La nature des hommes occasionne un genre d'habitudes
et d'émotions différant de celles occasionnées par la nature des
femmes : c'est pourquoi ils ne peuvent entièrement s'entendre
l'un l'autre; et, quoique cela n'empêche ni ne heurte le libre
échange d'affections et de sympathies entre les deux sexes,
cela rend néanmoins impossible que l'un puisse faire des lois
sages pour l'autre.

Vous pouvez me dire que la société, devenant plus ration-
nelle, et la femme participant librement à tous les avantages de
l'homme, il sera possible de faire une plus juste appréciation
de son caractère : elle acquerra plus de force d'esprit, une plus
grande puissance de raisonnement; et son influence s'étendant
avec son savoir, elle apportera en retour à l'homme une portion de sa constante persévérance dans tous les actes de bonté
et de sympathie; elle lui enseignera cet oubli de *soi-même* qui
entoure le caractère de la femme, avec un éclat et une beauté
sentis par les plus insensibles et à laquelle les plus orgueilleux
rendent hommage. — Vous direz que la joie et le bonheur
d'un gouvernement social sont fondés sur un mutuel entende-
ment d'initiations, et mettant chaque sexe dans la nécessité de
comprendre l'autre. — Je suis d'accord sur ce point; — mais

je sais toujours dans l'opinion qu'il restera dans le naturel de chacun beaucoup de choses inintelligibles à l'autre, ce qui nécessite que les lois soient faites par et pour ceux qu'elles doivent gouverner. — Je sais aussi que chaque chose vraie et bonne résulte d'un système rationnel et conséquent; je sais aussi que la meilleure manière de s'entendre l'un l'autre résulte de la sincérité et de la franchise qui sera pratiquée. — Il faut alors que le contraste avec notre présente ignorance, même des choses qui nous plaisent le plus, apparaisse complètement. — Je sais que la plus haute imagination du poëte, le plus superbe drame du visionné sera petit et sombre, comparé avec la riche bénédiction réservée à ceux qui seront capables de suivre courageusement la vérité en quelque lieu qu'elle puisse les conduire; mais je sais aussi que les immuables lois de la nature ne peuvent pas être renversées, et *elle*, dans sa sagesse infinie, a imprimé, sur les hommes et sur les femmes, une différence intellectuelle que nos arrangemens sociaux ne pourront jamais effacer.

La nature a doué la femme des plus sublimes qualités qui font d'elle l'être aimé et aimant. — Il faut conserver en elles les distinctives particularités que l'homme ne pourra jamais comprendre — dans tous ces changemens de circonstances et de devoirs qui doucement, mais de sa propre volonté, modifient son caractère lorsqu'elle est vraie à sa nature. — *None, but herself, can be her parallel.* — (Personne, si ce n'est elle, ne peut être son parallèle). — Et quand même vous enrôlerez à votre service toute la bonté et la générosité dont un homme est capable, — toute la sympathie passionnée dont, dans plus d'une occasion, il s'est montré animé; — quand même vous désireriez être l'oracle de la seule vérité, — que vous auriez la plus grande déférence et soumission aux lois de la nature, — Vous serez toujours inapte à rendre la justice. — Une chose est nécessaire, et pour cela, la femme seule est apte! —

Qui peut, autre quelle-même, dire quels sont les sentimens purs et saints de sa nature? — Qui peut, autre qu'elle, dire quelle est l'inépuisable source d'affection qu'elle est trop souvent obligée de renfermer au fond de son cœur? — Quelle autre peut dire ces raffinemens qui font partie de son organisation? — Enfin, qui peut promulguer son propre bonheur et dire comment sa sensibilité qui la rend si prompte à soulager les souffrances peut-être préservée d'altération? — Pas un! Non, il n'est pas un homme, quelque doué qu'il soit de nobles et régulières affections, qui puisse sentir assez la vivacité d'une femme; — il n'est pas un homme dont l'éloquence, quelque brillante et puissante qu'elle soit, puisse exprimer la souffrance que la femme endure dans l'amour qui fait battre son sein! — Comment alors peut-il faire des lois pour elle? —

A fearful gift upon thy heart is laid
—Woman! —a power to suffer and to love:
— Therefore thou so cast pity.

— Et dans ces lignes est établie une parole qui parle lentement et tristement en faveur de mon argument. — *A fearful gift*, — (Un terrible don!) — Et pourquoi le pouvoir de l'amour *un terrible don pour les femmes?* — Oui, il est en vérité un *terrible don* pour les femmes; et il en est ainsi parce qu'il a toujours été oublié lorsque le travail de la législation a été fait; — il en est ainsi pour la femme, parce que *ses sentimens, sa nature* n'ont jamais été compris ni examinés, — et il en sera de même, sur une échelle plus grande seulement, sous les lois que vous méditez, tant que vous prendrez vos sentimens pour arbitres; — et je prononce cette prophétie d'après une soigneuse observation de ces *minutieuses*, mais *très-importantes, insurmontables* et *naturelles* différences des deux sexes, dont peu ou point de personnes nieront l'existence. — Je puis être considérée comme Cassandre, et être délaissée, — mais souvenez-vous que le résultat a prouvé la vérité de ses prédictions.

— Non! personne ne se réjouirait plus sincèrement que moi de voir l'aurore de ce beau jour qui éclairera les femmes d'un rayon de liberté et de bonheur! Non! personne ne jouit avec une plus profonde délectation de ces innovations qui sauveront toute la famille humaine, et lui donneront cette justice de laquelle toute une irrésistible portion a toujours été privée. — Mais envers et contre tous, je le répète, vous serez dans le chemin des erreurs tant que vous agirez d'après une partielle connaissance. Vous me ferez observer probablement qu'en admettant la supériorité du système que vous prêchez, j'ai aussi admis votre grande supériorité comme législateur. — Je l'ai fait. — Mais si je ne me trompe, vous aviez le projet moins grand de faire un plus pur et meilleur système, mais non celui de le promulguer et de le soutenir comme *le meilleur*. C'est pourquoi je propose aux femmes de suivre pour elles l'avis si souvent donné aux différentes classes, de prendre leurs propres intérêts entre leurs mains. — Les femmes, ainsi, agiraient réellement et agiraient promptement sur leur sort, — et comme un pas préléminaire, chacune s'efforcerait d'acquérir la connaissance d'elle-même, apprendrait et enseignerait l'habitude d'analyser ses propres pensées et de voir où elles peuvent aboutir, d'examiner jusqu'où elles sont propres à les guider, et de faire du passé une leçon pour le présent; enfin, elles pourraient d'abord tracer leurs pas au travers du sentier de *nature* et de *vérité*, duquel les faux arrangemens sociaux les ont grandement détournées, et alors, cédant à ces fiers conducteurs, elles poursuivraient le sentier dans lequel ils ne s'égareront pas.

J'ai peur que ma lettre n'ait passé les limites, mais je suis sûre que je n'implorerai pas en vain votre indulgence. Le sujet est intéressant pour vous qui, semblable à la jeunesse, regardez naturellement au-delà du court espace de notre vie et *entreprenez d'éclairer notre existence par la contemplation des généra-*

tions à venir. — Les règlemens du moment présent marquent les destinées des momens futurs, et quand même je serais ignorante ou faible dans mon entreprise à prévenir des erreurs, le motif vous engagera à respecter l'action.

Concordia.

Londres, 1833

P. S. Encore un mot. Si j'ai dit quelque chose qui puisse sonner rudement aux oreilles des hommes, croyez que je désavoue tout rigoureux sentiment et toute intention de les offenser. — Malgré tout, leurs caractères peuvent être respectables ; ils sont tels que les circonstances les ont faits : sont-ils bons ! — Je m'en réjouis ! — Sont-ils méchans ! — Je voudrais les réformer !

UN MOT SUR LE DUEL.

Est-il un cœur, vraiment susceptible de générosité, qui aujourd'hui ne se soulève en pensant qu'au milieu de notre belle France, foyer ardent de la régénération des peuples, existe encore l'usage odieux du Duel, qui vient de nouveau d'enlever à la mère patrie un de ses enfans prédestinés.

Honte au mauvais génie qui emploie ce stigmate de barbarie pour satisfaire ses vues ambitieuses, et n'a pas craint de priver la société d'un homme qui l'honorait à tant de titres ! Honte à lui ; il a versé le sang pur sur l'autel de la liberté !

A nous, malheur, regrets ; car nous avons perdu un de ceux qui travaillaient avec persévérance à assurer, pour l'avenir,

l'indépendance et la splendeur de notre pays. A toi, *Dulong*,
honneur et reconnaissance, trop chèrement achetées, il est
vrai : mieux eût valu, pour nous, te voir encore être utile à ta
patrie ; mais il fallait une victime, et la fatalité t'a choisi pour
être celle du despotisme et de la servilité. Mais, va ! dors en
paix ; ton noble dévoûment fera planer sur ta tombe nos bénédictions, et ton nom, joint à ceux que nous regrettons toujours,
aura sa place dans le souvenir du grand peuple ! Puisse cette
belle récompense adoucir la douleur du vertueux citoyen qui te
fut cher.

Mais pourquoi donc, hommes du siècle, ne pas employer
d'autres moyens pour soutenir, sans effusion de sang, l'honneur de la pensée outragée d'un individu ; pourquoi persévérer
plus long-temps encore dans cette coutume que nous léguè-
rent les siècles passés, siècles de l'ignorance, de la brutalité et
de l'absolutisme ; pourquoi de nos jours mettre à la disposition
du hasard toute une existence d'homme, et la livrer à des chances où certes la bonne cause ne triomphe pas toujours ? Une
vie violemment tranchée suffit-elle pour prouver l'évidence, la
justesse d'une conviction profonde ? Non, certainement ; l'homme qui meurt dans la lutte n'est pas le seul sur terre qui par-
tage sa croyance ; ceux qu'il laisse ne descendent point avec
lui dans le pays des ombres, et ce qui vous a fait devenir assassin de votre semblable existe pourtant encore après lui,
aussi vivace, mais plus redoutable, car il est animé par la soif
de la vengeance. Songez donc que du moment où vous avez
senti le besoin d'être utile, vous ne vous appartenez plus
comme citoyen ; votre vie est à la patrie, et elle n'exige jamais
de ses enfans un pareil sacrifice dont d'ailleurs il est impossible
de prévoir les suites ; votre vie lui est plus chère ; réservez-là
pour le grand jour où tous la requerront...

ARMANTINE M.

Mes Sœurs et mes Frères,

Quand le PÈRE est parti pour accomplir la mission que DIEU lui a donnée, plusieurs éprouvèrent le besoin d'établir entre tous une communauté d'efforts qui pût devenir un lien entre le PÈRE et nous. Je proposai, dans ce but, une souscription, dont le produit devait être employé à liquider ce qui restait de la dette contractée pour la propagation de nos idées. Ce moyen nous sembla être le seul alors de rattacher à une œuvre, à une pensée commune, tous ceux qui partageaient notre foi, et qui se trouvaient dispersés dans les divers départemens de la France.

Peu après, le PÈRE fit connaître sa pensée et ses projets d'avenir. — De grands préparatifs devaient se faire ; une *armée* de Travailleurs devait marcher vers la terre d'Egypte, et déposer sur son sol les germes féconds du bonheur et de la pacification du monde. Il fallait que cette milice nouvelle s'entourât à son départ d'un corps éclatant et nombreux, destiné à accroître sans cesse sa force et son courage par la sublime excitation des arts. Rogé, Massol, furent chargés par le PÈRE de rassembler les élémens de cette phalange d'artistes. Rogé, à Ménilmontant, metteur en œuvre infatigable des religieuses compositions de David, et qui avait accompli plus tard, dans le midi et l'Est de la France, ces importantes et périlleuses missions, qui suscitèrent tant de haines aveugles, mais aussi de si nombreux témoignages d'amour, Rogé, à qui toutes ces œuvres donnent le droit de prétendre à des œuvres nouvelles, se consacre plus spécialement à l'organisation et à l'instruction d'un vaste corps de musique instrumentale et vocale. De retour à

Paris, après une longue absence, l'œuvre marche déjà. Mais l'argent est nécessaire; car il faut indemniser quelques professeurs de la perte de leur temps, et il faut payer la location d'un grand nombre d'instrumens. Rogé vient d'assumer sur lui la responsabilité de toutes ces choses. Notre aide ne lui manquera pas, nous le soutiendrons dans ses nobles efforts. C'est dans ce but, mes sœurs et mes frères, que je vous propose de transformer la souscription de la dette du PÈRE, en souscription pour l'œuvre d'art. Il s'agit aujourd'hui d'une œuvre vivante et pleine d'avenir. Hâtons-nous: les événemens se succèdent avec rapidité, le temps presse. Que de grandes choses s'exécutent, et lorsque par nous aura été formé le centre de l'industrie et du commerce du monde, nous trouverons alors les moyens d'obtenir facilement quittance des dettes que le PÈRE et ses FILS ont contractées, et dont ils sont responsables envers l'humanité tout entière!

CAROLINE BÉRANGER.

Cette parole de Caroline, pour prévenir du nouvel emploi assigné à la souscription fondée par elle, et qui se continue à Paris, ne s'adresse pas seulement aux personnes qui ont répondu à son premier appel, mais encore à toutes celles qui sentent combien il est essentiel, pour parvenir à de beaux résultats, que l'art vienne poétiser l'industrie, afin de la rendre féconde et attrayante, et l'élever au rang de puissance civilisatrice.

Tous ceux et celles qui ont connu notre bon ROGÉ, savent aussi combien il est capable par son zèle et son talent de préparer la partie poétique de la mission d'Orient.

Les souscriptions seront reçues comme par le passé, chez *Caroline* et au bureau de la *Tribune des Femmes.*

SUZANNE.

SUZANNE,   }
CÉLESTINE, } *Directrices.*

Imprimerie de PETIT, rue du Caire, n. 4.

La Femme Nouvelle,
TRIBUNE DES FEMMES,

Paraît deux fois par mois, par livraison d'une feuille ou plus.

PRIX POUR PARIS.	PRIX POUR LES DÉPARTEMENS.
2 fr. 50 c. pour 3 mois.	3 fr. » pour 3 mois.
5 » pour 6 mois.	6 » pour 6 mois.
10 » pour l'année.	12 » pour l'année.

Tome premier de LA TRIBUNE DES FEMMES, 1 vol. in-8°, 4 f. et 5 f. par la poste Rue des Juifs, N° 21 ; et chez JOHANNEAU, libraire, rue du Coq-St-Honoré.

AFFRANCHIR LETTRES ET ENVOIS.

LOI-NOUVELLE — LIVRE DES ACTES, publié par les Femmes, Prix, 1 fr. par mois.

À Paris, chez Mme Marie Talon, au Cab. de lecture, rue Neuve-du-Luxembourg, n. 28.

AMOUR A TOUS, Journal de la Religion Saint-Simonienne, publié à Toulon.

À Toulon, rue de Pradel, n. 7.

À Paris, chez Johanneau, libraire, rue du Coq-Saint-Honoré.

LIBERTÉ FEMMES, brochure ; le prix 50 c., par *Pol Justus*, publié à Lyon, chez Mme Duval, libraire, place des Célestins.

Et au Bureau de la Tribune des Femmes.

La Femme Nouvelle.

TRIBUNE
DES FEMMES.

Notre bannière étant à la paire, il est juste
qu'elle soit à l'honneur.
JEANNE-D'ARC.

Égalité entre tous de droits et de devoirs.

Tome Second — 8me Livraison p^s 121—136

PARIS,

AU BUREAU DE LA TRIBUNE DES FEMMES,
RUE DES JUIFS, N° 24
ET CHEZ JOHANNEAU, LIBRAIRE, RUE DU COQ-SAINT-HONORÉ

Février, 1834 — Deuxième année

AHASVÉRUS

PAR EDGARD QUINET

C'est un bien beau livre qu'Ahasvérus, un livre d'une haute
portée philosophique et religieuse, d'une belle et grande poésie, admiral le pour le fond, admirable pour la forme; et pourtant, hâtons-nous de le dire, ce livre sera peu lu, et sera rejeté
avec dédain par beaucoup de ces hommes qui s'appellent *hommes supérieurs, positifs, penseurs*. Eh! qu'ils le laissent; ce n'est
pas pour eux qu'il a été fait ce chant sublime suspendu entre un
monde qui s'écroule et un monde qui recommence. Car DIEU a
horreur du néant, et là, où quelque chose se détruit, soyez sûr que
quelque chose s'élève. Châteaubriand dit que « où le temps fait
» une ruine, une fleur ou un arbre germe pour l'orner et la
» cacher. » Toute la vie, tout le monde est là; rien ne meurt,
tout se transforme. Ta vie est éternelle, ô mon DIEU et tu la dé-
ploie aussi bien dans la croissance d'une fleur que dans la création d'un monde : l'une et l'autre sont de toi, l'une et l'autre
font partie de toi.

Le livre de M. Quinet est peut-être de tous les ouvrages nouveaux celui où se montre le plus clairement la croyance pan-
théistique, qui de jour en jour devient celle des hommes qui
marchent à la tête de l'humanité. On y trouve l'expression de
l'amour de la forme aussi bien que de celle de l'esprit; tout y est

****.**

compris, et par son style même, il embrasse les différens âges du monde et le drame pourrait aussi bien s'appeler DIEU, ou *la vie du monde* qu'Ahasvérus. Car Ahasvérus le *juif-errant* n'est qu'un épisode. Craignant de faire cet article trop long, nous ne nous occuperons guère que d'Ahasvérus, passant légèrement sur tout ce qui n'est pas lui.

Le drame a la forme des mystères du moyen-âge, et comme eux il est divisé en journées, précédé d'un prologue, suivi d'un épilogue et entrecoupé d'intermèdes. J'ai entendu critiquer cette disposition : peut-être avait-on raison; mais quant à moi, je déclare que je n'ai pu sentir Ahasvérus sous une autre forme et que je n'aime pas à faire une critique purement négative. La vieille légende du juif errant, qui appartient, communément au moyen âge devait avoir la forme moyen âge : puis l'espèce de confusion qui règne dans ce genre d'ouvrage est très-propre à donner idée du gâchis dans lequel se trouve le monde aujourd'hui.

La première journée a pour titre LA CRÉATION. Rien n'égale la richesse et la beauté des chants de tous les êtres nouvellement créés. Tout chante, tout parle, l'arbre, la pierre, l'astre, puis les Titans, puis les femmes, les hommes et les enfans. Peu à peu les voix isolées se rassemblent, et des chœurs se forment; puis viennent les villes, les grandes villes, Thèbes, Babylone, Jérusalem, Jérusalem, qui annonce à ses sœurs que ses prophètes l'ont appelée pour voir dans Bethléem un Dieu caché dans une crèche. Ce Dieu, c'est le CHRIST, *un tout petit enfant*, dont la main doit remuer le monde.

A la seconde journée nous assistons à la passion du CHRIST. Toute la nature est en deuil; le palmier se fane au désert et le désert pleure son beau palmier d'amour. Jérusalem seule contient des êtres qui ne pleurent pas sur la victime qui s'immole au salut de tous, et parmi ceux qui outragent le CHRIST, celui qui est vraiment le *fils de* DIEU, se trouve Ahasvérus, qui, regardant de chez lui le douloureux spectacle, refuse au CHRIST un peu d'eau pour sa soif, un peu d'aide pour sa fatigue, une place pour s'asseoir. C'en est trop, Ahasvérus est maudit; il marchera sans relâche, et partout où il passera on l'appellera le *Juif errant*; il portera le fardeau que le CHRIST va déposer sur la croix, et ne trouvera plus un moment de repos.

Ahasvérus part, poursuivi par la main de DIEU, il part pour sa course éternelle; mais, qu'est-ce qu'Ahasvérus? N'est-ce pas le prolétaire? le prolétaire, le juif qui cruxifia le Christ qui venait pour le racheter, mais non immédiatement, car c'était surtout l'esclave que Jésus venait sauver? Puis, il venait sauver l'esprit du joug de la matière, et le prolétaire est plus chair qu'esprit, et la femme aussi est plus chair qu'esprit; et il faut pour les racheter tous deux un nouveau messie, qui ne soit plus un messie mâle et tout spirituel.

Le CHRIST naissant à Bethléem, c'est un monde nouveau qui commence, c'est un DIEU nouveau, et désormais JEHOVAH son père est couché dans la tombe. Peu à peu le monde idolâtre, le monde payen et une partie du monde juif se convertissent au CHRIST, et le vieil Occident reçoit la foi nouvelle dont il doit être le dépositaire. A la voix des papes, Attila et son armée de barbares s'arrêtent: l'enfant de la crèche de Bethléem, le crucifix du Golgotha règne sur le monde.

Dans une petite ville d'Allemagne vivent deux femmes, l'une vieille, c'est Mob; l'autre d'une jeunesse éternelle, c'est Rachel. Mob, c'est *la mort*, *la mort* du moyen-âge, méchante et railleuse, *la mort* qui a une si grande place dans le monde du CHRIST. Rachel, qui chante doucement des cantiques qu'elle ne se souvient pas d'avoir appris, et dont toujours elle oublie quelques mots; Rachel est un ange qui, au moment de la passion de JÉSUS, lorsque tous les habitans du ciel pleuraient en fixant ce douloureux spectacle, jeta seule les yeux sur Ahasvérus maudit, dont elle pressentait la longue douleur, l'aima pour cette douleur, et fut, pour cette faute, envoyée en exil sur la terre où elle dut demeurer près de la mort.

Rachel est divinement triste : elle regrette sa patrie, elle regrette son amour, tout cela vaguement ; c'est un rêve effacé, c'est une de ces Belles ruines couvertes de fleurs, dont parle Châteaubriand, tristes, mais non désolées, souvenirs d'un beau passé qu'on ne saurait préciser, qui font verser de douces larmes et vous inspirent une voluptueuse mélancolie.

Ahasvérus vient à passer, et le cœur de Rachel a bondi dans sa poitrine ; la fleur s'est penchée à son approche, l'oiseau s'est envolé ; Rachel seule, la femme, n'a pas craint la contagion de son malheur, la malédiction de DIEU : elle aime, elle suivra celui qu'elle aime, elle le suivra sans s'inquiéter ni de la bise qui souffle, ni du soleil qui brûle ; que lui importe, à elle, femme, la bise et le soleil, sa vie, DIEU? La nature pour elle, c'est Ahasvérus ; la chaleur qu'elle cherche, c'est celle de sa poitrine ; le rayon de son soleil, c'est son regard ; tout, c'est lui.

Ils marchent, ils marchent ; Ahasvérus, poussé par la main vengeresse de DIEU, marche sans pouvoir s'arrêter ; Rachel le suit sans fatigue ; elle aime, et passe des siècles à cette course, sans se plaindre, heureuse de son dévoûment, et consolée même de la perte de sa céleste patrie.

Le monde chrétien va finir : tout est mort, et tout commence à renaître. Trois êtres restent seuls sur la terre : Ahasvérus, qui ne peut mourir, Rachel, dont l'amour et la céleste origine soutiennent la vie, et Mob, la mort, qui les a rejoints, et dont la faux s'est usée à frapper. Les Chrétiens ressuscitent et demandent à JÉSUS la récompense des maux qu'ils ont soufferts ; mais JÉSUS est mort aussi désormais ; car il était l'esprit du monde qui finit, et JÉSUS leur répond : « Que puis-je pour vous, moi, qui suis couché dans la tombe près de Jéhovah, mon père? » Magnifique idée! qui montre les Dieux successifs des révélations successives, mourant l'un après l'autre et n'ayant plus même le pouvoir de récompenser leurs adorateurs.

Tout ressuscite, et des chœurs de villes, d'étoiles, d'enfans, de femmes, etc., disent leur œuvre devant l'Éternité; l'Éternité, seul Dieu qui reste debout quand tout est fini. Le chœur des femmes trouve seul grâce devant lui, parce qu'à travers les siècles elles seules ont conservé son amour; et pour les récompenser, l'ÉTERNITÉ leur donne un anneau formé de tout l'or des étoiles. Ceci est beau, bien beau, et moi, femme, je remercie, au nom de *toutes*, M. Edgar Quinet, de nous avoir si bien comprises. Déjà JÉSUS avait déclaré « qu'il serait » beaucoup pardonné à Magdeleine, parce qu'elle avait beaucoup aimé. » *L'amour*, la *charité*, comme la nomme Saint-Paul, est la première de toutes les vertus, et c'est surtout celle des femmes.

Mais, lorsque tout est fini, lorsqu'il n'y a plus que des morts ou des ressuscités, quels sont ces trois êtres qui n'ont pas passé par la mort et gravissent péniblement devant le trône de l'ÉTERNITÉ? Ce sont Ahasvérus, Rachel et Mob. Il y a sur Ahasvérus un concert de malédictions au moment où sa course semble toucher à sa fin; chaque ville lui défend de poser sur elle son pied maudit et chaque être répond: *ce ne sera pas moi*, lorsque l'ÉTERNEL demande qui le suivra. Mais alors la douce voix de Rachel se fait entendre : ce sera elle; elle n'est pas fatiguée de sa course; son courage ne faillira pas plus que son amour. Et, lorsque tous deux arrivent devant DIEU, le DIEU qui n'est ni JEHOVAH, ni JÉSUS, tous deux trouvent grâce devant lui, rachetés par l'amour de Rachel; et c'est par eux que recommencera le monde nouveau, qui doit succéder au monde qui s'éteint.

Tout est fini, crie une grande voix, et le néant se réjouit; son règne recommence; mais l'Eternité, DIEU, reste, et d'un mot lui ravit sa joie : rien ne meurt; *le néant* est un mot vide·

de sens ; DIEU est éternel, mais non immuable ; car IL est
TOUT CE QUI EST, et se renouvelle sans cesse.

Ici se termine le grand drame d'Ahasvérus : c'est l'histoire de
la vie de l'humanité, avec un grand être qui la domine et la
fait, DIEU, la PROVIDENCE, l'ÉTERNITÉ, comme l'appelle
M. Quinet. Et le seul reproche que nous fassions à M. Quinet
est de n'avoir pas formulé nettement son DIEU ; peut-être
n'est-ce pas sa faute ; peut-être, dans les formules toutes faites
n'a-t-il trouvé rien qui le satisfît, et il n'est pas donné à tout le
monde de faire un *Credo*. Nous nous trouvons fort embarrassée
pour désigner l'école religieuse, philosophique et même littéraire, à laquelle appartient M. Quinet. Il n'est pas Chrétien,
quoiqu'il apprécie merveilleusement et aime le Christianisme,
comme on aime le passé, comme il aime le Mosaïsme, et lorsqu'il nous montre Jésus, couché dans la tombe près de Jéhovah,
son père, sa tendresse est égale pour tous deux. Il n'appartient
pas non plus au Saint-Simonisme. Son panthéisme est plutôt
celui du monde extérieur que la divinisation de *tout ce qui est*.
M. Quinet nous semble avoir une religion et une philosophie à
lui, espèce d'éclectisme formé du panthéisme de Spinosa, du
spiritualisme allemand, et des idées saint-simoniennes qui y
dominent par-dessus tout.

Un reproche, et il est grave, que je me permettrai de faire
à M. Quinet, c'est de n'avoir pas nettement indiqué sa foi au
progrès, je ne dirai plus de l'humanité, mais du monde. Il
semble en être resté au cercle de Vico, que l'humanité recommence sans cesse, selon ce philosophe, qui ne s'aperçoit pas
qu'il compare l'homme à l'écureuil tournant sans cesse dans
sa cage et n'étant pas plus avancé après une année de travail
qu'au premier jour. Or, comme l'a dit M. Michelet, Vico aurait eu raison, s'il eût ajouté que le cercle va toujours s'agran-
dissant. Les religions, les civilisations suivent une marche à
peu près semblable ; mais celle qui suit est toujours en progrès

sur celle qui l'a précédée, et c'est tomber dans une étrange erreur que de reconnaître l'excellence de chacune d'elles, sans tenir compte de la plus grande valeur absolue et même relative de celles qui viennent les dernières. M. Quinet, si par hasard cet article lui tombe entre les mains, me pardonnera cette remarque qu'il m'était impossible de ne pas faire, puisque sur ce point son livre a froissé la plus chère de mes croyances, celle de la perfectibilité; il a bien montré la marche, la vie; il a oublié le progrès; pour moi c'est presque oublier DIEU. Du reste, ce livre me paraît une des plus belles choses publiées depuis plusieurs années où tant de belles choses ont été publiées; mais je le dis encore, il ne sera lu que d'un petit nombre d'élus; il vient trop tôt pour obtenir un succès d'argent; pour moi il est œuvre apostolique et ne doit pas périr; les idées qu'il contient et qui sont de nature à n'être comprises que par *les fous*, d'après le monde et Béranger, étonneront lorsque dans des années, peut-être des siècles, on retrouvera ce livre qui, nous osons le dire, surnagera dans le naufrage de tout ce qui se fait aujourd'hui. Ahasvérus n'est pas un roman ou un drame aux petites idées, c'est une magnifique épopée dans laquelle trouvent place les génies de deux mondes, et la prophétie d'un troisième que DIEU porte en ses flancs, et pour la conception duquel, tous tant que nous sommes, souffrons tant aujourd'hui. Plus heureuse que le poète, car ma foi est plus vive, plus *instante*, si j'ose m'exprimer ainsi, ce qu'il ne semble pressentir que de loin, vaguement, à la manière des Sybilles, moi je le vois, et peut-être ai-je expliqué son livre plus avec mes idées qu'avec les siennes. Il me pardonnera, et pour me répondre victorieusement, continuera son œuvre, en formulant sa pensée d'avenir d'une manière plus nette et plus précise. M. Quinet est un grand poète; à ce titre il doit être doué de l'esprit prophétique; j'espère donc de lui, non seulement comme littérature, mais encore comme *révélation*. PAULINE.

LIBERTÉ.

LIBERTÉ !!. est un mot qui agite maintenant toute l'espèce humaine ; mais je vois avec une sombre douleur que l'homme seul veut y avoir droit. Il veut comprimer chez les femmes tout levain d'indépendance ; il veut de ses bras de maître, de tyran, de despote, étouffer en elles tout germe de liberté ; il veut écraser du bruyant éclat de ses risées et de ses injures toute voix douce et caressante qui invoquerait en tremblant ce grand mot : Liberté !!

Femmes ! Il faut vous lever et protester hautement que vous voulez être affranchies de toute loi mâle, de tout jugement qui ne serait que mâle, et de l'abrutissante exploitation qu'ils exercent sur nous. Il faut enfin les laver du vice d'orgueil et de brutalité dont ils se sont si long-temps souillés. Les hommes doivent-ils donc se débattre seuls avec tout ce qui semble s'opposer aux justes vœux de leur amour, de leur intelligence, de leur force ?... Et nous, femmes, moitié de leur existence, n'avons-nous pas notre amour, notre intelligence, notre force ? N'avons nous pas aussi des vœux à former, des besoins à exprimer, des douleurs à repousser, de liberté à obtenir ?... N'avons-nous pas honte et dégoût de ces hommes égoïstes, dont l'esprit étroit et le cœur glacé osent dire avec une grossière vanité : la femme ! elle a bien assez de liberté ! la femme ! elle n'est que trop libre.

Que trop libre, malheureuse mère, quand ton ardent amour

n'est pas assez fort pour obtenir qu'on laisse à tes caresses le
fruit de tes entrailles dont les cris de souffrance impatiente-
raient ton époux!... Et, ensuite, es-tu libre d'élever la voix?
Te tient-on compte de tes pleurs, lorsqu'une barbare légalité
mâle vend ta fille, et arrache de tes bras ton fils pour l'en-
voyer sur l'autel de la patrie où toujours fume le sang humain?
Et toi, jeune fille, à l'aurore de ta vie, fraîche et riante, tu
nous apparaissais telle qu'un ange gracieux, qu'un baiser fit
éclore. Que de sourires et de caresses maternelles ont dilaté
ton cœur, épanoui tes charmes! Combien de rêves enivrans
ont bercé ton sommeil et rafraîchi tes veilles! Tu croyais au
bonheur alors! La vie, disais-tu, c'est être heureux.........
Illusion!.... Un prisme séduisant offrait à ta bouillante imagination la nature entière parée des brillantes couleurs du
bonheur. L'amitié, l'amour, les arts, les sciences, la gloire,
les plaisirs et les fêtes étaient ton avenir, ton espoir!.... Ah!
crains le désenchantement, jeune fille, crains l'illusion, car
l'illusion, vois-tu, c'est la fleur du bonheur que l'aquilon flétrit, c'est une vierge à l'autel que la mort découronne, c'est
le frêle berceau d'un enfant qui n'est plus!..............
Mais quelle sombre pâleur couvre déjà ton jeune visage?
Comme ton œil est terne et tes lèvres décolorées; les déli-
cieuses modelures de tes formes s'affaissent; tu confies à l'ombre des nuits, à la muette solitude, les larmes brûlantes qui
sillonnent tes joues! ...Tout te devient importun, soins et caresses, le monde et ses joies, les plaisirs avec leur cortège
entraînant de danses, de parures et de volupté, leur parfum
de musique et de poésie.........

Tu aimais, tu savourais tout cela, jeune fille, et maintenant
toute cette société t'accable, te fatigue, et tu cherches en vain
à éviter son regard scrutateur, indiscret..................

D'où viennent donc ces angoisses secrètes qui torturent ton
jeune et noble cœur? Pourquoi une horrible anxiété se lit-

elle dans ton doux regard ? Tu frissonnes et tu cherches à contenir les nombreuses pulsations qui soulèvent ton sein.... Tous tes nerfs tressaillent... Hélas ! la convulsive douleur t'accable donc déjà ! Elle n'a pas respecté ton âme si jeune, si aimante et si bonne ; tes lèvres avides de bonheur se sont abreuvées à une coupe sculptée avec art, mais qui ne contenait que fiel et absynthe ; sans expérience, tu as goûté un fruit que tu voyais beau, que tu croyais délicieux, et il n'a laissé dans ta bouche que cendre amère... Tous tes rêves d'amour étaient si beaux d'espoir, tu croyais au bonheur, ton erreur fut rapide ; enfant, tu n'avais prévu ni peines, ni sanglots ; novice nautonnier, tu ne voyais pas qu'un orage était prêt à fondre sur ta barque, à peine sur les flots... Pauvre enfant ! à l'aurore d'un beau jour le bonheur t'apparut et disparut à son couchant. Je suis libre, me disais-tu un jour ; je trouve que les femmes jouissent d'un honnête liberté............. Eh bien ! aujourd'hui, qu'est devenue ta liberté ? Tu me comprends maintenant ! N'est-ce pas une autorité mâle qui vient de bouleverser ta destinée, de briser ton avenir, d'anéantir tous tes rêves de bonheur et d'espoir ?.....

En vain une voix de femme, de mère, s'est mêlée à la tienne pour faire entendre ses plaintifs accens, pour réclamer ses droits..... En vain la dignité de femme s'est abaissée jusqu'à supplier à genoux une autorité mâle ; elle fut repoussée avec brutalité ; un homme, un père, avait décidé le malheur de sa fille. Alors tu fus vendue au poids de l'or, et on a évalué tes charmes au taux des denrées commerciales.

Maintenant, jeune femme, quelle est ta liberté ? Pas une de tes actions dont tu ne doives rendre compte ; pas une sensation qu'il te soit permis de manifester, pas une affection dont tu puisses disposer ; tout ton être, ta vie, doit se rapporter à un seul et même objet, à l'être auquel tu fus vendue ; autrement, tu serais un objet de courroux et de châtiment ; c'est un bien que tu déroberais à l'acquéreur, qui n'en est jaloux qu'à ce titre. On te couvrirait de boue pour ne pas avoir frémi de souiller les cheveux blancs de celui qui n'a pas craint, en te vendant, d'attirer sur ta tête une telle responsabilité. Chaque mère éloignerait de toi sa fille ; le frère sa sœur, son épouse ; car, vois-tu, cette société corrompue, dégradée, a soin de cacher ses haillons sous un brillant manteau, et malheur à l'être qui ne le tient pas assez fermé pour en laisser apercevoir quelques lambeaux... Et alors, pour toi, désharmonie partout dans l'univers ; toi seule à l'anathème que l'on t'a lancé... Pas une main amie, peut-être, ne s'offrirait pour t'arracher de la boue, du torrent qui t'entraîne, et où une volonté d'homme t'a précipitée. Tu le vois, jeune femme, tel serait ton sort, tel est celui d'une infinité de tes compagnes. Mais ne te laisses pas abattre, que ton courage se relève. Faible roseau, n'incline plus avec découragement ta jolie tête sur ta poitrine. Le temps est proche ; il viendra où, semblable au chêne, tu te relèveras fièrement. L'orage gronde, les ténèbres sont épaisses ; mais jette un regard dans le lointain, tu apercevras un point lumineux qui deviendra un centre de lumière ; car ces douleurs poignantes, irascibles de tous les momens, de tous les instans ont été senties par des cœurs d'hommes. Deux femmes aussi, dont la vie était pure et douce, n'ont pu voir sans frémir les plaies et les liens honteux de leur sexe. Nobles, tendres, elles ont montré à la face de l'univers combien un cœur de femme renfermait de courage, d'énergie et de dévoûment.

Affrontant les périls d'une mer orageuse, les sables brûlans du désert, elles se sont élancées vers un monde inconnu pour elles, vers des régions lointaines, cherchant et demandant partout la Mère qui doit relever son sexe de l'anathème et faire cesser l'odieuse exploitation que le sexe mâle exerce sur le sien.

Vous le serez, femmes, cet exemple est grand et noble ;

qu'il ne soit donc pas perdu. N'auriez-vous pas honte de les laisser affronter seules les périls et les dangers, la souffrance et les privations?................

Nos sœurs d'Orient nous appellent; elles tendent vers nous leurs bras supplians, leurs membres délicats, meurtris, écrasés sous le poids de leur chaîne...... Les laisserons-nous se débattre en vain? Leurs cris de douleur et d'impuissance, comme un son sans écho, ne retentira-t-il pas jusqu'au fond de nos cœurs?.............

Oh! femmes!... en écrivant ceci, j'ai la main sur le mien, et je sens, d'après ses battemens, que le vôtre aussi battra de courage et d'un dévoûment qui ne sera pas infructueux. Et Dieu nous bénira pour arracher son œuvre de la fange où il se flétrit. Femmes! le printemps est proche, que les plus courageuses et les plus fortes d'entre nous se préparent à une mission tant en Orient qu'en Occident. Qu'elles ne s'effraient pas à l'idée de quitter leur pays, leur patrie, leurs affections. La patrie est où se trouve le bonheur, et le bonheur elles le trouveront dans leur dévoûment à l'humanité. Et ne m'écrierai-je pas aussi, liberté pour la fleur jeune et tendre que souille d'une bave empoisonnée, que flétrit d'un souffle impur, fétide, la hideuse vieillesse!.........

Quel alliage brutal, immoral, monstrueux, de la beauté, de la jeunesse, de l'amabilité, avec la décrépitude et le radotage! Quel supplice plus affreux, quelle douleur plus poignante que d'avoir horreur d'un être que l'on ne peut pas fuir, que de recevoir des caresses qui font frissonner d'horreur et de dégoût, que d'être obligée de porter le jour, la nuit, sans cesse, le poids d'égards qui fatiguent, de prévenances qui impatientent, que de craindre voir, ou retrouver dans ses enfans, les traits ou les défauts de leur père, de ne pouvoir prononcer leur nom sans qu'il vous rappelle un être que l'on abhorre... que l'on méprise!..............

Liberté aussi pour toi, femme, qui ne peux pas te borner au cercle étroit de ton ménage, qui, t'ennuyant d'une aiguille et du fuseau, éprouves le besoin de développer ta vaste intelligence. Tu es abreuvée d'amertume et d'ironie, parce que ton noble cœur veut jouir de l'hommage que le sexe mâle veut se réserver ; il craint que ton génie trop vaste et trop sublime n'éclipse le sien.

Mais le temps viendra où le génie ne sera plus resserré, torturé, et on le reconnaîtra de quelque forme qu'il se revête.

LIBERTÉ POUR TOUTES est le cri, le vœu qui part du fond du cœur de toutes les femmes. Que leur bouche le révèle donc hautement, et leur affranchissement sera proche.

Trop long-temps elles furent méconnues, trop long-temps elles ont courbé la tête sous une autorité mâle, despotique : qu'elles la relèvent maintenant avec fierté et dignité, car la puissance et la volonté du bien sont en elles.................

Qu'elles ne craignent plus de laisser pénétrer dans les plus profonds replis de leur âme, car c'est une source inépuisable de tendresse, de bonté, d'énergie et de délicatesse.........

Que vous importent les risées, les injures, l'ironie ? Elles ne seront lancées que par des êtres vils et corrompus, dont le cœur est incapable de comprendre ce qui est beau et grand. Attirons à nous la fille du peuple pour lui faire connaître sa dignité de femme ; recevons surtout avec bonté et indulgence celle que l'homme a vouée à l'infamie et qu'il couvre d'opprobre et d'injure. Ne souffrons plus, que pour un morceau de pain la mère vende sa jeune et belle fille.

Que la malheureuse domestique aussi, qui, pour ne pas mourir de faim, qui, pour ne pas grelotter nue aux jours d'hiver, attache sa vie à des toits où elle ne possède rien, prodigue ses veilles, sa santé, sa force, sa jeunesse pour des maîtres, qui, lorsque la vieillesse l'accablera, la renverront sans pain, sans asile, que la malheureuse domestique, dis-je, soit traitée avec égards et bonté, et lorsque viendront pour elle les infirmités de l'âge, qu'elle trouve un asile pour abriter sa tête, un bras pour soutenir sa marche défaillante, et des alimens pour ranimer sa force épuisée.

Femmes, votre liberté est dans vos mains : la Mère ne peut tarder; *prononcez donc avec courage et espoir* : LIBERTÉ !

Adèle de Saint-Amand, *née Doublet.*

A MONSIEUR L'ÉDITEUR DU *MAN.*

Londres, 16 décembre 1833.

Monsieur,

J'ai vu dans plusieurs journaux des articles sur les Saints-Simoniens, qui prouvent, sinon une injuste prévention, du moins une ignorance impardonnable de la part de leurs auteurs; je ne prétends pas faire l'apologie des Saints-Simoniens ni d'aucune autre secte. Je désire très-vivement la liberté *morale, intellectuelle* et *industrielle* de mon sexe, et n'ai pas grande foi, à cet égard, dans la sincérité de ceux qui la prêchent : nous savons ce que valent les mots sonores derrière lesquels se retranchent les petites ambitions personnelles, et la liberté des femmes n'est pas plus une réalité pour la plupart des doctrinaires nouveaux que, sauf exception, l'amour de Dieu pour les prêtres, les chartes pour les libéraux, l'égalité pour les républicains, le bonheur du peuple pour tous les partis; mais je suis toujours affligée de voir dénaturer la vérité. J'ai lu attentivement les ouvrages saints-simoniens, et n'ai point aperçu qu'ils veulent la communauté des femmes et des biens ; j'y ai trouvé une appréciation juste des défauts de nos institutions et le désir que les biens soient, non pas *communs*, mais *sociaux*; je m'étonne que les Anglais qui forment tant de compagnies d'actionnaires et réalisent par là une masse de capitaux, qui, pris sur une seule fortune individuelle, l'absorberaient entièrement, se méprennent si étrangement sur une question qu'ils devraient comprendre mieux que personne. L'ouvrier qui apporterait son travail à la société et serait rétribué en raison du produit général et de la part pour laquelle il y aurait contribué par le travail, le talent et le petit capital de ses économies, ne dépouillerait pas pour cela le grand capitaliste, mais serait au contraire intéressé à augmenter la valeur des capitaux.

Quant à la question des femmes, ils veulent qu'elles soient égales à l'homme, et non *semblables* à lui, ni communes, et qu'elles jouissent des mêmes priviléges. Déchargées par les associations des menus soins du ménage, qui ne seraient alors que dans les mains de quelques-unes, elles emploieraient ce temps à des travaux productifs dans toutes les branches desquels elles auraient accès et rétribution *indépendante*, et ne seraient plus comme à présent asservies par la nécessité de se marier pour se faire un nom, une position sociale, et de sacrifier souvent leurs plus douces inclinations à l'époux que la famille achète avec la dot; ou, si elles sont pauvres, de se rendre communes aux hommes qui ont de l'or. Si les hommes n'étaient pas aveuglés par la cupidité et un faux orgueil despotique, ils se trouveraient humiliés de ce honteux trafic et rougiraient de n'inspirer souvent qu'un amour basé sur l'intérêt. Les moyens proposés par les Saint-Simoniens peuvent être erronés, mais le but n'en est pas moins grand et noble : quels que soient d'ailleurs les motifs personnels qui les fassent agir, ils marchent dans une route nouvelle et toujours plus vraie que celle suivie par la société.

C'est moins dans leur intérêt cependant que dans celui des critiques eux-mêmes que je vous adresse ces observations. On met généralement sur le compte de la légèreté les calomnies et les fausses interprétations dont les Français se rendent souvent coupables ; mais pour les Anglais, qui se piquent avec raison d'un jugement sain et réfléchi, il n'y aurait point d'excuse.

Je compte, Monsieur, sur votre amour de la vérité pour vouloir bien insérer cette lettre dans un de vos prochains numéros.　　　　　　　　　Une jeune Française.

(Extrait du *Man*, journal populaire anglais.)

AU MILIEU D'UN BAL, DEVANT UN PORTRAIT (1).

Qu'il est beau, qu'il est doux d'adorer le génie !
De contempler son front sublime et créateur !
De lui voir enfanter à l'immortelle vie....
Les généreux pensers qui font battre son cœur !

Une femme timide, et qui n'a que son âme
Pour aimer, pour prier, pour adoucir les maux,
Regarde, et se consume à la céleste flamme
　　Qui jaillit des yeux du héros.

　　　　　　　　　　　　F. DAZUR

(1) Le 6 février, jour anniversaire de la naissance du *Père Enfantin*, un grand nombre de femmes prolétaires, pour témoigner de leur reconnaissance envers le libérateur des femmes, s'unirent pour donner une fête dans la grande galerie de Ménilmontant. C'est à cette occasion, et devant le portrait du *Père*, que ces vers furent composés.

SUZANNE, } *Directrices.*
CÉLESTINE, }

Imprimerie de PETIT, rue du Caire, n. 4.

La Femme Nouvelle,

TRIBUNE DES FEMMES,

Paraît deux fois par mois, par livraison d'une feuille ou plus.

PRIX POUR PARIS.	PRIX POUR LES DÉPARTEMENS.
2 fr. 50 c. pour 3 mois.	3 fr. » pour 3 mois.
5 » pour 6 mois.	6 » pour 6 mois.
10 » pour l'année.	12 » pour l'année.

Tome premier de LA TRIBUNE DES FEMMES, 1 vol. in-8°, 4 f. et 5 f. par la poste
Rue des Juifs, N° 21 ; et chez JOHANNEAU, libraire, rue du Coq-St-Honoré.

AFFRANCHIR LETTRES ET ENVOIS.

LA FEMME NOUVELLE. — LIVRE DES ACTES, publié par les Femmes
Paraît une fois par mois
[illegible] chez Madme Marie Talon au Gab [illegible] rue des [illegible] N° 28.
APPEL A TOUS, Journal de la Religion Saint-Simonienne, publié à
[illegible]

La Femme Nouvelle

TRIBUNE DES FEMMES

LA POLYANTHE.

C'était par une nébuleuse matinée du mois de mars 1855 : pensivement appuyée sur un guéridon, où mon chocolat fumait depuis près d'un quart-d'heure, sans que je songeasse à le prendre, je parcourais une fois encore le dernier volume des œuvres de Béranger; Béranger! l'ange de tous les êtres pauvres et souffrans; Béranger! que les bénédictions du peuple accompagnent aujourd'hui à son modeste ermitage de Passy, comme elles l'ont suivi autrefois sous les voûtes obscures et malsaines de la *Force*; Béranger! qui fait pleurer et méditer avec des chansons joyeuses, tant il y a de larmes cachées par ses sourires, de profonde sensibilité et grandes leçons de sagesse sous ce voile naïf d'une insouciante philosophie.

Et je commençais à frissonner de tous mes membres ; car, absorbée par les réflexions que cette lecture amenait en moi, j'avais négligé de jeter une bûche sur le foyer où bientôt il ne resta plus qu'un amas de braise éteinte.

Tout-à-coup, un rayon de soleil, le premier qui eût percé les nuages depuis deux ou trois mois, illumina ma chambre d'un jour clair et vivifiant. Je regardai le ciel; il était devenu bleu; je m'approchai de l'air, que je trouvai tiède, et puis je vis s'agiter sur sa tige, éclore, et dérouler au vent ses pétales frémissantes, une petite giroflée sauvage, venue d'elle-même dans une fente de la muraille.

Alors je me sentis renaître, comme la fleur, à cette atmosphère rajeunie, et voulant profiter de cette belle journée pour faire une promenade de mon goût, je gagnai le Jardin des plantes. J'aime le jardin des plantes, avec ses solitaires allées de tilleul, ses sentiers sinueux où l'on s'égare, la forme pyramidale de ses cèdres, et ses chaumières rustiques toujours couvertes de mousse.

J'étais donc venue m'asseoir sur un banc de bois, au milieu d'une enceinte treillagée, toute remplie de fleurs qu'on avait sorties des serres, par ce beau rayon de soleil.

L'isolement ramène au recueillement de la pensée, à la vie intime, que les bruits incessans et les mille frivolités du monde rendent impossibles.

Le parfum aromatique des plantes, qui semblent pleurer dans leur calice, les premiers chants des gélinottes sur les amandiers en fleurs, et toutes ces ravissantes harmonies qui accompagnent le réveil de la nature grandissent dans l'âme l'idée de Dieu qui a créé tant de merveilles pour servir et consoler l'homme à ses heures de besoin ou de souffrance...

Il y a des momens de rêverie où l'on aime à s'incliner vers les mélancolies du passé, peut-être pour y ressaisir quelques illusions perdues, quelques espérances enfuies avec le jeune âge. Et puis les préoccupations chagrines ont une inexplicable et irrésistible fécondité, je ne sais quel vague reflet de souvenir qui fait pleurer, et qu'on recherche pourtant.

Je m'abandonnais au charme de ces impressions tristes lorsque j'entendis un bruit de pas sur le sable. En effet deux personnes vinrent s'asseoir à quelque distance de moi, et, comme il régnait un profond silence, voici ce que je pus recueillir de leur conversation.

« Allons, plus de lamentations, Adda; ces larmes dont vous

êtes si prodigue ne me rendront pas le bonheur que ma faiblesse m'a fait perdre. Cette folle passion dont vous me fatiguez depuis si long-temps, un jour vous la jeterez à un autre, qui viendra vous dire de fades paroles d'amour, avec du miel sur les lèvres, et de l'hypocrisie au fond du cœur. Une fille qui cède à son amant, aussi facilement que vous vous êtes donnée à moi, ne comprendra jamais toute la rigidité des devoirs d'épouse. Voyez-vous, madame, rien ne m'empêchera de croire que vous aviez tramé ce complot d'avance pour me forcer à vous épouser. Mais, à présent que j'ai sacrifié un bel avenir à la tâche que ma conscience m'imposait, je veux ma liberté, mon indépendance, le jour, la nuit, en tous lieux : à toute heure, ne m'irritez donc plus de vos reproches, et surtout ne me parlez plus de mon honneur, vous qui n'avez pas su garder le vôtre. »

Un froid subit fit trembler tout mon corps, et lorsque poussée par un vif intérêt je me tournais vers cette malheureuse victime d'un homme injuste et brutal, je la vis qui s'éloignait en cachant sa tête dans ses deux mains.

Je repassai alors dans mon esprit toutes les tortures de la femme, misérable prisonnière dans l'enceinte absurde des préjugés, pauvre être auquel Dieu a donné tant de tourmens à souffrir et si peu de force pour se défendre.

Je songeai à la jeune fille dont l'âme encore toute chaude de piété, de poésie, d'amour, a soif d'une vie d'émotions douces et comprises, mystérieuse harmonie dont elle devine déjà le charme, ineffable virginité du cœur qu'elle brûle de répandre sur un cœur pure et tendre comme le sien. Je la voyais, je la suivais dans sa triste route, se heurtant à mille déceptions amères, ne trouvant qu'une épine, là où elle avait rêvé une fleur, refoulée dans toutes ses espérances, parce qu'on a joué sa destinée contre l'aride satisfaction de quelques vanités ambitieuses, parce qu'on ne lui a donné que des richesses et des titres, quand elle voulai

un sein palpitant pour appuyer sa jeune tête, une âme amie pour
épancher ses joies et ses douleurs.

Je pensais aussi à cette vierge timide, qui dans la foule a ren-
contré un regard de feu, un sourire béni, un ange rêvé, dont
le souvenir lui apparaît à chaque heure, le jour dans ses prières,
la nuit dans ses insomnies. Pauvre victime marchandée et vendue
au plus offrant, malgré l'amour qui lui brûle le cœur! jetée
pleine de candeur, d'innocence, au bras d'un cadavre flétri,
vivant de larmes solitaires et incisives comme la goutte d'eau
qui creuse le rocher; forcée de choisir entre deux alternatives
également horribles: cacher sa haine par des sourires, flatter le
serpent pour éviter sa morsure, être hypocrite et adultère, ou
mourir, jour à jour, au milieu des convulsions du cœur.

Je voyais la femme au teint hâve, apportant un enfant fié-
vreux dans le bouge d'une maison de pitié, repoussée, avilie
par celui même qui, plein de larmes et de prières, est venu lui
demander un peu d'amour; mère infortunée, craignant les tortures de la faim pour ce pauvre petit ange sans force, et
plus tard les mépris hautains pour cet homme sans nom, sans
famille, sans espoir.

Et puis, passait dans mon esprit épouvanté la femme qui
se donne, sans condition, sans hypocrisie, sans fausse honte,
à l'amant de son choix; créature sublime, amassant sur sa
tête la dévorante réprobation du monde pour répandre dans
le cœur de celui qu'elle aime des trésors de félicité sans mélange de bonheur, sans désir; trop religieuse pour craindre
le blâme de Dieu, trop noble pour mettre un prix à son dévoûment, trop forte de son amour pour plier devant les mé-
prisantes craintes, les défiances injustes, les dédains et les
outrages sanglans d'une société devenue abjecte par les immo-
ralités de sa morale.

Je voyais les mépris, la misère, la honte, l'injustice, planant comme autant de vautours avides sur la vie des femmes, fermant leur cœur à la pitié, leur esprit à la franchise, leur conscience à la vérité, semant l'hypocrisie, la haine, la faiblesse, l'envie et tous les vices, là, où la nature primitive avait répandu le germe de mille qualités précieuses. J'envisageais partout la tyrannie retenant la femme dans une absorbante captivité, l'abus le plus révoltant de la puissance. Je voyais l'amitié devenue un mensonge, la fausseté son abri, l'amour un caprice, l'adultère un jeu, la prostitution une ressource, et l'honneur et la vertu deux mots vides de sens, deux lambeaux sales et troués, servant de voile à la dépravation humaine.

Dans cette douloureuse récapitulation de mœurs, qui me laissait le pouvoir de réagir sur moi-même, j'en vins naturellement à passer en revue, degré par degré, déception par déception, toutes les périodes de ma vie passée.

À cet âge où la jeune fille hésite entre l'enfance et la jeunesse, j'avais senti en moi un irrésistible besoin d'émotions chaudes et caressantes, la poésie suave d'un cœur tout candide, et de grandes et religieuses pensées qui me faisaient rêver un autre monde.

Mais devant ces trésors, dont l'âme est si riche à son enfance, vinrent alternativement poser les déviations et les scandales de la raison humaine. Au milieu de cette vie aride, je trouvais des désenchantemens à chaque pas. Méconnue dans mes franchises, trompée dans mes affections, brisée dans mes espérances, je me trouvai un jour seule, sans ami pour m'aimer, sans conseil pour m'indiquer ma route, sans consolation dans ma douleur. Alors, mon cœur, long-temps avide d'émotions puissantes, se replia en lui faute d'idole. Mon imagination, privée d'aliment dans ses belles rêveries, retomba épuisée, dans une réalité étroite et stérile, et ma foi primitive, cette dévotion ardente qui m'avait long-temps servi de prisme, s'éteignit, manquant du culte qu'il eût fallu pour la grandir.

ainsi, à l'âge où la réflexion communique au caractère une énergie nouvelle, imprime aux idées une couleur définitive, j'avais vu s'écrouler le bel édifice de mes illusions, et la grande épidémie sociale nous miner sourdement sans apparence de guérison. Suivant l'humanité dans toutes ses désolations, je perdis la conviction d'une souveraine puissance, et j'arrivai peu à peu à ce scepticisme accablant qui renie les hautes destinées de l'avenir.

Ne croyant plus rien à force d'avoir cru trop facilement à tout, privée des secours de la prière, je n'eus plus qu'à m'entourer d'objets capables de me satisfaire, moi, avant les autres, comme le limaçon renfermé dans sa coquille. Trouvant que le monde pouvait avoir raison d'être sec, égoïste et méprisable, je devins comme lui, sèche, égoïste, et par cela même méprisable : je sentis bien au fond de mon cœur la douleur poignante de cette personnalité effrayante ; je suivis d'abord avec un horrible dégoût cette route où s'entre-déchiraient tant d'atomes dégoûtans ; et puis je finis par m'acclimater à cette atmosphère infecte ; je parvins à trouver des aisances au fond de ma vie égoïste, et j'arrivai à croire comme Mirabeau, que l'âme n'est qu'une création de notre imagination prestigieuse, que l'homme est un être purement physique, qui, dans toutes ses variations et ses progrès, n'agit jamais que selon les lois propres à la matière dont la nature l'a composé.

Cependant ce chaos de réflexions affligeantes n'avait pas détruit en moi quelques-unes des sensations extatiques que la contemplation de la nature réveille d'ordinaire chez les êtres impressionables.

Il était midi ; le soleil dardait sur la terre des rayons chauds et pénétrans comme en été ; les feuilles des arbres pointillaient à travers leurs bourgeons rosacés, impatientes de s'épanouir à cette brise fécondante.

Mes regards vinrent à se fixer sur une belle fleur blanche,

une polyanthe ou tubéreuse d'Orient dont les épis étoilés versaient en se balançant dans l'air un parfum suave et aromatique.

Je regardais attentivement les oscillations de cette plante qui semblait sourire au soleil, comme une coquette à son miroir. Alors mes pensées, remontant degré à degré toutes les phases de la vie de la polyanthe arriva tout naturellement au lieu de sa naissance, l'*Orient*; l'Orient, ce monde merveilleux, cette sphère fantastique, où l'admiration indécise ne sait devant quel souvenir se recueillir, devant quel chef-d'œuvre de la nature, de l'art ou du génie l'âme s'élève et le genou se ploie avec le plus de vénération, l'Orient, avec les fabuleuses histoires de sa vie, l'azur inaltérable de son ciel, et son parfum de chevalerie. La lumière soudaine des siècles passés rayonna dans mon cerveau exalté; l'antiquité posa devant moi, avec ses riants mensonges, poétisant, comme par enchantement, la nature de mes pensées. Je ne sais quoi d'indéfinissable m'agita de mille impressions nouvelles : une puissance inconnue jusqu'alors remua toutes les fibres de mon être : il me sembla sortir du chaos où le monde dormait encore : une voix du ciel m'appelait à de grandes choses, un sublime instinct, un pressentiment inouï me criaient : Coopère au grand œuvre de la régénération, et tu vivras d'une vie meilleure, et tu dépouilleras tes langes d'égoïsme, et tu seras heureuse, heureuse par l'harmonie et la félicité des mondes. Je me jetai à genoux dans une sainte extase, et je remerciai avec une ferveur ardente ces apôtres d'une religion sublime, qui m'envoyaient, par le message de la nature, quelques-unes de leurs hautes inspirations.

Dans la dévotion de mon cœur, j'adorais ces hommes de dévoûment qui savent braver les mers, les dangers, les fatigues et les outrages, pour prêcher la parole divine, pour répandre les bienfaits de l'harmonie sur les générations futures.

Ces hommes, que si long-temps j'avais regardés comme des

tous absorbés par un délire fictif, grands faiseurs de paradoxes, cherchant des mystères pour servir de pâture à leur dévorante imagination, fuyant le monde possible pour courir après des chimères, trompés sur leur propre énergie et retombant misérables et honteux dans la vie réelle, après l'audacieux élan de leur vol.

Eh bien ! par une inconcevable révolution de tout mon être, ces hommes, qui m'avaient semblé souverainement répulsifs et dangereux, m'apparurent comme des saints illuminés d'une auréole de souffrance, de gloire, et de vérité ; comme des martyrs, osant attaquer de front cette civilisation gangrenée, qui hurle l'anathème contre ceux qui veulent guérir sa lèpre honteuse ; comme des prophètes, consacrant chaque jour de leur existence à l'œuvre d'une régénération sublime, tendant une main amie et secourable à l'humanité entière, femmes ou hommes, puissans ou faibles, riches ou pauvres, bons ou méchans ; ouvrant leur cœur à l'indulgence, à la charité ; courbant leur corps sous le poids des misères et de la réprobation, sans se plaindre ni murmurer ; résumant les maux de l'humanité et y apportant remède par une pensée sublime, DIEU MÈRE ! révélation du ciel, pleine de poésie, de majesté, de puissance.

Cependant toutes ces idées tournoyaient encore autour de moi comme un chaos, sans que je pusse définir positivement à quelle sorte d'espérance je me rattachais, quelle planche de salut je voyais dans mon naufrage. Je n'aurais pu trouver de causes réelles à cette religion, qui s'infiltrait dans mon âme, à ce besoin subit d'une existence de bonheur universel.

Mon cœur était gonflé de désirs bouillans et impétueux ; ma tête brûlait du feu de l'enthousiasme ; je croyais être dans une sphère voisine du ciel, où tout est avant-goût des félicités suprêmes.

Je voyais l'humanité sortir rayonnante de l'abîme de l'erreur, un monde plein de sève et de vie remplacer le vieux monde agonisant, une religion pleine d'empire sur les débris foulés du christianisme; je voyais le ravissant spectacle de l'harmonie des hommes et de la nature, une association sublime, où tout est fraternité, confiance, prière, amour; où il y a des larmes pour toutes les souffrances, des sourires pour toutes les joies, des asiles pour tous les malheureux, des mères pour tous les enfans, des enfans pour tous les vieillards. Je voyais la vie à travers le prisme de l'espérance, de l'enthousiasme, de l'exaltation; je voyais Dieu père plein de force et de puissance pour nous protéger et nous défendre, Dieu mère pleine d'une ineffable bonté pour nous consoler et nous bénir.

Jusqu'alors j'avais vécu d'égoïsme et de larmes secrètes, cherchant inutilement un but à ma vie, une espérance à mes heures de tristesse.

Ce but, je l'ai trouvé, et avec lui sont revenues mes illusions, mes croyances, ma poésie et toutes les belles idéalités de ma première jeunesse. A présent j'aime la société comme un pauvre enfant qui souffre et qu'on espère guérir; je vénère les apôtres de Saint Simon comme les interprètes d'une volonté irréfragable, et j'adore Dieu père et Dieu mère comme une source inépuisable de puissance et de bonté.

Salut donc! ma douce Polyanthe; à toi je dois la conversion de mon âme, ma vie d'espoir, ma religion consolante et tous mes beaux rêves d'avenir.

Caroline Valchère.

DES ÉVÉNEMENS DE LYON,

ET DE LA NÉCESSITÉ D'UNE RÉFORME INDUSTRIELLE.

Pendant plusieurs jours, les journaux ont été remplis de détails sur les mouvemens qui ont eu lieu à Lyon parmi les ouvriers; il n'en est pas, quelle que soit leur opinion, qui n'en aient parlé, les appréciant chacun suivant la leur. En présence de toutes ces opinions, nous ne pouvons ni ne devons rester muettes; c'est plus qu'une question politique qui s'agite à Lyon, c'est une question sociale, et nous ne pouvons reculer devant elle, car de sa solution dépend aussi celle de notre avenir.

Mon intention n'est pas de rapporter ces faits, ils sont assez connus, mais seulement de dire quelques-unes des pensées qu'ils ont fait naître en moi, et les conséquences qu'on peut en déduire. C'est un fait grave que ces mouvemens qui se manifestent si souvent chez les ouvriers; et en effet, ce qui s'est passé à Lyon n'est que le même fait qui, il y a quelques jours, conduisait de nos frères sur les bancs de la police correctionnelle, où on leur faisait expier par une condamnation le tort de s'être coalisés : le tort, c'est le pouvoir, ce sont les riches qui le disent, mais ce n'est pas moi, moi qui connais les souffrances du peuple et qui voudrais les voir cesser : non, car j'approuve ces coalitions, quoique je ne pense pas que par elles mêmes elles améliorent le sort de l'ouvrier, mais parce qu'elles sont une manifestation de sa puissance calme et pacifique. A cela qu'a-t-on répondu ? A Paris, par des condamnations qui ont étonné par leur rigueur ceux même qui les avaient provoquées ; à Lyon, on a demandé qu'il fût donné au peuple une *rigoureuse leçon*. Oh ! Je le demande : comment celui qui a tracé ces mots n'a-t-il pas senti tout son être s'émouvoir, rien qu'à la pensée du sang versé par un frère, un ami peut-être. Oh ! il n'a donc pas de famille, pas d'amis, celui-là qui vient demander qu'on aille verser le sang d'une population désarmée, que la misère seule a forcée de quitter son travail ; il n'a donc pas pensé que ces soldats par qui il voulait le faire verser étaient ouvriers hier, qu'ils le seront demain peut-être, et qu'alors eux aussi viendront demander une amélioration à leur sort si pénible! Je ne jeterai point le mépris sur ceux qui ont si peu compris le peuple, mais j'aurai pour eux de la pitié ; car ils doivent bien souffrir : leur vie n'est qu'un long cauchemar ; à chaque instant ils croient voir sur leur tête la main vengeresse du peuple qui vient leur demander compte de ses douleurs. Ils ne comprennent ni sa grandeur, ni sa dignité ; ils ne veulent voir en lui que des êtres dépravés, qui ne rêvent que la vengeance. Non, tel n'est point le peuple ; ce n'est pas ainsi qu'il s'est jamais montré ; non, nul plus que lui ne sent le besoin d'ordre, nul plus que lui ne recule à la pensée des bouleversemens ; il sait trop bien que c'est toujours lui qui les paie. Ce n'est pas pour rien qu'il s'est levé, c'est que ses souffrances sont devenues insupportables, et qu'il n'est que trop temps d'y remédier ; le pouvoir devrait le comprendre, et au lieu d'exciter, d'animer les maîtres contre les ouvriers, il devrait tâcher de les rapprocher, de les unir. Le peuple est fort, on le sait : lui aussi a conscience de sa force; il n'en veut pas abuser : mais que le pouvoir n'abuse pas de la sienne, qu'il songe qu'il est des douleurs poignantes, et qu'il ne faut point aigrir des hommes qui n'ont rien à perdre. Qu'est la vie pour eux? Toujours la douleur, la misère, et cependant ils ne demandent pour aujourd'hui qu'une légère concession et la certitude qu'on s'occupera de leur avenir. L'association des mutuellistes a prouvé par sa conduite qu'elle a conscience de sa force, et qu'elle veut faire respecter sa dignité; car le peuple ne veut plus être avili; mais elle la fera respecter avec calme : sa conduite passée nous est un garant pour l'avenir, et d'ailleurs peut-on voir des sentimens plus calmes et plus pacifiques que ceux exprimés par ces paroles de l'*Echo de la Famille*, alors qu'elle parle de la lutte qui pourrait avoir lieu entre les maîtres et les ouvriers : « Mais ce combat doit être » pacifique: elle recuse l'épée et le canon; à vous donc, à » vous seuls d'appeler la guerre civile: nous la repoussons, » nous, comme le plus épouvantable fléau, et pourtant vous » le savez, le peuple sait toujours ou mourir ou vaincre ; mais » vaincre au sein de son pays ne saurait être qu'une déplorable » victoire. » Ces lignes sont bien l'expression des sentimens du peuple; oui, ce sont eux qui l'ont toujours animé; qu'ils soient un enseignement pour ceux qui le dirigent. Quoi! les paroles de conciliation viennent de ceux qui souffrent, et ce sont ceux qui sont oppresseurs qui demandent la vengeance! Oh! peuple, reste toujours grand et magnanime, et ton triomphe est certain.

MARIE REINE.

(*La suite au prochain numéro.*)

A Mme SUZANNE,

DIRECTRICE DE LA TRIBUNE DES FEMMES.

Madame,

Je me vois obligée de réclamer contre une note que vous avez jointe à quelques vers que j'avais mis dans votre dernier numéro, et qui dénature ma pensée. En mettant mon nom auprès de celui du Père Enfantin, vous m'avez représentée à ses pieds, et cela est tout-à-fait contraire à ma religion et à mon caractère. Mon caractère s'exprimait précisément par le vague de cette poésie où vous avez voulu mettre un nom (et pour vous le plus grand de tous), où vous avez voulu une forme décidée. Moi j'avais dit seulement : *au milieu d'un bal, devant un portrait.* C'est bien moi, c'est ma vie : au milieu du monde et de ses réalités, mais l'âme ailleurs ; l'âme dans son monde à elle, sa création de rêves et de nuages. Ainsi, au milieu d'un bal, au milieu de tout ce qui se voit, se touche et s'entend, quand les regards et la musique enivrent, que, la main dans la main, la danse vous emporte, que des mots, des brandons d'amour tombent dans votre sein, et n'attendent que votre souffle pour incendier, moi, j'étais frappée d'un portrait, d'une image qui planait, au-dessus de tous, et ma pensée s'envolait vers elle ; cette image, vous le savez, n'est pas même terminée, elle n'est point en saillie ; les contours n'en sont point arrêtés ; la tête s'élève comme d'une nuée ; peut-être était-ce un charme de plus, en laissant toute carrière à l'imagination.

Certes, je n'oublierai jamais cette impression ; il est bien vrai

que jamais visage d'homme n'avait rayonné à mes yeux avec si
vif reflet de la divinité, et j'aurais voulu lui dire : Qui êtes-vous,
et d'où vous vient cet empire sur moi?

Cependant le murmure d'en bas me parvenait : j'entendais des
mots, de ces mots dont on a rêvé; et lorsque je pouvais les
saisir, distraite, je les laissais tomber. Depuis, ils sont rentrés
dans le domaine de l'imagination, ils sont idéalisés par le souvenir, et, comme il m'arrive toujours, ils ont plus de prestige que
dans le moment de la réalité. Qui n'a dans sa mémoire de ces
voix, de ces figures qui n'ont passé qu'une fois devant vous, et
vous ont laissé un regret, presque un remords de les avoir méconnues, de ne point leur avoir ouvert le seuil de votre âme,
pour vous entretenir avec elles et vous donner le temps de reconnaître si ce n'était point là ce que Dieu avait créé pour vous?
—Quel était donc ce jour là, dans cette foule, celui qui s'atta-
chait à mes pas, qui attendait, pour ne danser qu'avec moi,
qui me reconnaissait, disait-il, sans m'avoir jamais vue, et demandait où me voir, encore et toujours et murmurait : *entièrement
à vous?* Ce mot m'est resté, et j'ai paru ne pas l'entendre ; cette
naïve figure me revient à présent, et il a pu se croire entièrement dédaigné. C'est que j'étais *devant le portrait*, l'idéal ; je
rêvais du génie; je résumais en un seul les dons divers épars
entre tous.

Mais ne me le nommez pas, ne matérialisez pas avec un nom
ma pensée qui s'en va bien au-delà de tout ce qui est créé. Un
nom m'en rappellera un autre, et puis un autre, et dans cette
confusion, l'on ne sait plus qu'aimer. L'amour absolu ne peut
exister qu'en Dieu et pour Dieu ; or votre Père n'est pas Dieu
pour moi, il n'est pas le Christ ; c'est pourtant ce que vous
donniez à entendre, et ce que je repousse absolument.

Si donc vous dites Enfantin ou tel de ses fils, moi je dirai
Ballanche, ou Lamartine, ou l'auteur d'Ahasvérus. — Oh! celui-là qui vient le dernier, comme il grandit! mais que sa voix

puissante est lamentable ! Ne dirait-on pas l'ancien prophète
des ruines de Jérusalem ? Mais après avoir dit toutes les plaintes
du monde, et les nôtres surtout, celles des femmes, ne nous
apportera-t-il point d'espérance ? L'amour ne doit-il sauver le
monde qu'une fois, et lui-même doit-il périr ? Ne sera-t-il jamais réalisé tel que l'âme l'a conçu ? Sera-ce en vain qu'elle
aura gémi avec le poëte : « un délire éternel me flagelle le cœur ;
je veux voir ce qu'aucun œil ne voit; je veux toucher ce qu'aucune main ne touche ; jusqu'au mourir je veux aimer ce qui
n'a point de nom.... Douleur ! douleur ! douleur ! voilà le
mot que je sais le mieux, et amour celui qui me plaît le plus, et
infini, celui qui me fait tant soupirer. »

Ce n'est pas là, Madame, une Saint-Simonienne, qui peut
toucher tout ce qu'elle désire, puisqu'elle se contente de cette
terre, et croit qu'à force de la remuer on en fait autre chose
que de la terre. Ce qui a pu causer votre méprise à mon égard,
et vous faire penser que je me laisserais donner cette apparence, c'est que vous savez que je vous aime toutes et vous apprécie, ayant l'avantage de vous connaître autrement que par
des ouï-dire et des théories assez contraires entre elles depuis
le premier jour du Saint-Simonisme, et qui vont se modifiant
et s'éclairant avec l'expérience. Mais laissant les théories,
ce que je connais dans la pratique du monde Saint-Simonien
me paraît bien supérieur à ce que vous nommez déjà le vieux
monde, le monde actuel dont le Saint-Simonisme fait si parfaitement la critique.

Oui, je me plais à laisser ce monde si rempli de scepticisme,
de sécheresse ou de vains dehors, d'inconséquences, d'infa-
mies publiques et cachées, pour venir m'épanouir parmi vous,
où l'on trouve la franchise et la cordialité, où se concentre ce
qui semble exilé de partout ailleurs, la foi, l'espérance et la
charité. Vous offrez en vérité un spectacle nouveau et consolant, et qui excite une sympathique attente. Cependant le tra-

vail se fait partout ; mais il est plus sensible, plus impatient, chez vous où l'on croit toujours toucher le but, où l'on espère réaliser, de ses jours, plus de progrès et de merveilles que le monde n'en a accompli dans ses six mille ans. Ce que j'appelle vos erreurs tombera, comme déjà vous en avez reconnu plus d'une ; mais vous avez reçu une grande part de vérités à répandre, et vous avez donné une grande impulsion ; en vous dissolvant, en vous mêlant au monde, vous l'influencez : vous ne pouvez l'attirer à vous ; le monde reçoit des idées, des élémens de progrès ; il n'improvise pas une religion. Je crois à la perpétuité du christianisme ; je crois qu'il contient en lui-même tous les développemens que nous devons éprouver ; je crois que le christ, dont la foi remonte au berceau de l'humanité, présidera encore à ses dernières, ses immortelles destinées.

Voilà, Madame, puisque votre zèle, si large et si généreux, a ouvert une tribune aux femmes, voilà en abrégé la profession de foi d'une femme qui croit représenter quelque chose à notre époque de transition, où il y a si peu d'unité, et tant d'élémens divers qui se choquent dans le cahos, avant de parvenir à s'harmoniser ; une femme qui peut être un lien, un degré entre vous et d'autres ; car elle répond à toutes les douleurs, toutes les voix du passé, mais elle vibre aussi à toutes les sympathies de l'avenir, et comprend pour la femme de nos jours le plus grand des dévoûmens, la consommation de tous ses sacrifices, une mission sociale.

14 mars 1834.

F. DAZUR.

SUZANNE,   ⎱
CÉLESTINE, ⎰ *Directrices.*

Imprimerie de l'ETAT, rue du Caire, n. 4.

La Femme Nouvelle,

TRIBUNE DES FEMMES,

Paraît deux fois par mois, par livraison d'une feuille ou plus.

PRIX POUR PARIS.	PRIX POUR LES DÉPARTEMENS.
2 fr. 50 c. pour 3 mois.	3 fr. » c. pour 3 mois.
5 » » pour 6 mois.	6 » » pour 6 mois.
10 » » pour l'année.	12 » » pour l'année.

Tome premier de la Tribune des Femmes, 1 vol. in-8°. 4 f. et 5 f. par la poste.
Rue des Juifs, n° 21, et chez BOHAIRE, libraire, rue du Coq-St-Honoré.

TRIBUNE DES FEMMES,

Paraît deux fois par mois, par livraison d'une feuille ou plus.

La Femme Nouvelle.

TRIBUNE
DES FEMMES.

Notre beau sexe étant à la peine, il est juste
qu'elle soit à l'honneur.

JEANNE-D'ARC.

Égalité entre tous de droits et de devoirs.

Tome Second. — 10ᵐᵉ Livraison p. 153—168.

PARIS,

AU BUREAU DE LA TRIBUNE DES FEMMES,

RUE DES JUIFS, N. 21.

ET CHEZ JOHANNEAU, LIBRAIRE, RUE DU COQ-SAINT-HONORÉ.

Avril 1834. — Deuxième année.

UNE VOIX DE FEMME.

Londres, 10 janvier 1837.

Les femmes nouvelles auront d'ici à quelque temps de grandes choses à faire, choses toutes différentes de celles qu'ont accompli les hommes.

Ils ont appelé la *Mère* l'*Epouse*.

Elles révéleront cette *Mère*, cette *Epouse*.

Aujourd'hui une seule parole de femme se fait entendre ; mais elle ne sera pas long-temps isolée.

La *Mère*, l'*Epouse* n'est point une seule femme : ce sont toutes les femmes.

C'est le sexe *féminin*, *Mère*, *Amante*, *Epouse*, *Amie* du sexe *masculin*.

Gardons-nous bien de nous laisser prendre au piége où se sont pris les hommes, et qu'ils nous tendent à leur tour. — Non ! — Ils ne trouveront pas l'idéal qu'ils cherchent, tant que leur vue étroite ne s'étendra pas et ne le verra pas dans toutes les femmes. — Oui ! — Ils souffriront ces sublimes aveugles, tant qu'ils chercheront cet idéal seulement dans les femmes brillantes, dans les climats brûlans, qui flattent leur orgueil et enflamment leurs sens.

Ces femmes, ces climats, sont la poésie du passé et le tombeau de leur apostolat.

La poésie, la femme d'avenir, est encore couverte d'un voile sombre. — Elle n'est pas encore attrayante, ELLE qui porte en son sein tous les germes d'attraction ! — Car ELLE est encore enveloppée des sales haillons de la misère et de la prostitution. Son visage est pâle, ses yeux sont creux, ses mains sont décharnées ; elle se farde le soir et spécule sur la sensualité des maîtres du monde ; elle tient son enfant dans ses bras, et ses traits se contractent pour rassembler les élémens du sourire qu'elle répand sur lui ! d'une main elle le soutient, de l'autre elle invoque son pain quotidien.

La poésie et les brillantes théories ne peuvent la toucher : — *elle a faim* : — *elle est avilie!* — Les paroles *d'espoir* et de *consolation* des femmes dévouées à ceux qui se disent ses libérateurs, sont pour elle une amère *ironie* et une *aumône* qui la déchire et l'abaisse. — Elles n'ont donc pas des entrailles de *mère*, ces femmes ? elles n'ont donc pas un cœur de sœur! puisqu'elles abandonnent leurs enfans et leurs sœurs, malheureuses, pour suivre un *époux* et un *idéal!*

Ah ! les femmes ont la vertu et la poésie du passé. — Vertu de sacrifices ! — Poésie de clinquant! — Une seule voix de femme le dit aujourd'hui ; mais le temps est proche où la MÈRE, avec ses mille voix, répondra à celui qui s'est dit PÈRE.

— HOMME, quels sont tes enfans ? de quel droit te dis-tu *père* des miens ?

— Qu'as-tu fait pour les enfans que la femme te donne depuis des siècles ?

— Tu les as sacrifiés aux seuls enfans dont tu aies le droit de te nommer *père*, à tes *systèmes*, à tes *idéals!*

— Ton orgueil les a déchirés par la guerre !

— Ton plaisir égoïste les a avilis par la prostitution !

Et maintenant, HOMME, que toutes tes erreurs ont créé des douleurs innombrables autour de toi et en toi, tu appelles la femme pour les guérir. — Tu comprends que la femme est l'épouse et non l'esclave de l'homme. — Tu la cherches, cette *femme* LIBRE ; mais ton orgueil et ton égoïsme la cherchent dans

une *épouse individuelle*, que tu nommes *mère de tes enfans*, et
tu abandonnes les filles civilisées de l'Occident, parce que la
civilisation les a défigurées.

Ah ! c'est bien là l'HOMME PÈRE !

Pars, HOMME ! — et avec toi le principe de la paternité ! Vas,
suis ton idéal !.. L'Orient est le tombeau de ton règne, FEMME !
Tu naîtras en Occident, et l'Orient, sera ton trône ! Mais
avant d'avoir un trône, il te faut *un pain indépendant*, son-
ges-y.—

— Dégage-toi des préjugés des fausses lois des hommes ; apprends à tes fils à voir leur MÈRE dans toutes les femmes ; car
toutes lui donneront la vie, le bonheur, la loi d'amour.

— Dis à l'HOMME : — Tu as trop mal employé ton autorité,
— tu ne seras plus *seul chef*.

— Tu as été le *maître* et non le *père* des enfans que je t'ai
donnés. — Je ne te nommerai plus PÈRE.

— Mes enfans n'auront d'autre PÈRE que DIEU.

— Tu as partagé la *terre* entre quelques individus, et au lieu
de vous unir, pour répandre sur tous les dons que vous aviez
entre vos mains, vous vous êtes mis à la tâche, au défi — à
qui aurait un plus grand nombre d'esclaves ! — et alors tu as
établi des *barrières* de *nations* pour les parquer. — Et tu as di-
vinisé la FEMME et la fécondité, — parce qu'elle te créait des
sujets ! — Tu as sorti de la prison du foyer ton *esclave épouse* ;
—tu l'as amenée sur la place publique enchaînée avec des
fleurs, parée de bijoux, entourée d'hommages, et tu lui as dit :
—Sois l'amante *spirituelle* des guerriers ; emploie les dons que
tu as reçus du ciel pour exciter l'ardeur chevaleresque.—J'en
ai besoin, afin de détruire les esclaves de mes rivaux, ou faire
triompher mes principes.

—Oh ! HOMME *orgueilleux et égoïste* ! tu as mis sur les yeux
de ton épouse un épais bandeau *d'ignorance*, afin d'en faire
l'instrument du supplice de ses enfans, et que la vue de ta bar-

harie n'affaiblisse pas son amour pour toi et les plaisirs qu'il te procure! — Et lorsque ton pouvoir, le pouvoir de la force, s'est affaibli, — toute ton autorité s'est portée dans l'intérieur du foyer. — Alors tu as dit à la femme : — ton *univers est la famille*. — Je n'ai plus besoin de ton inspiration pour les guerriers; — la guerre est à son déclin, et d'ailleurs le perfectionnement de mes machines de destruction te remplacera.

— FEMME, SOIS MODESTE! — Emploie tous tes dons, toute ton activité à me procurer le plus de douceurs possibles dans ma vie domestique.

— FEMME, SOIS ÉCONOME! — Lorsque la politique a creusé ma tête, — lorsque la débauche ou mon travail de *dix heures* a fatigué mon corps, ah! FEMME, j'ai besoin de me reposer dans tes bras, ou de puiser la vie et la fraîcheur dans les grâces naïves de tes petits enfans.

— FEMME, SOIS-MOI DÉVOUÉE! — Que le sourire soit toujours sur tes lèvres; car tu es *sympathique!* et d'ailleurs les lois que j'ai faites te défendent les *fatigues de la débauche!* — FEMME *du peuple*, tu travailles souvent *seize heures et plus* par jour; — mais tu es *courageuse!* — et d'ailleurs *ton travail n'est pas rude*. — Tu souffres pour moi et tes enfans. — Mais tu es *patiente!* — et d'ailleurs tu n'es pas tourmentée par de *grandes idées!* — Ta science se borne à savoir élever tes petits enfans. — Oh! FEMME! rends-les *paisibles* et *obéissans*; car leur activité bruyante me trouble et leur mutinerie m'irrite. — Si je suis riche, donne-moi ton fils, ta tendresse ne saurait dompter son *naturel*; j'ai pour lui de sévères règles dans des pensions nommées colléges, et là je le rendrai homme et lui enseignerai *ma science*. Pour ta fille, élève-la dans les principes que je t'ai donnés; éteins son ardeur, comprime son amour, que le froid raisonnement domine ses sentimens; enfin j'ai eu une *Epouse individuelle!* — Moi, pour satisfaire et épuiser l'ardeur de ma première jeunesse, j'ai les jolies filles du peuple; — je les *paie* pour qu'elles n'inventent des plaisirs, sans danger d'augmenter la population! — Car vraiment je suis effrayée de tous ces esclaves affamés! — Les hospices, les prisons, les bagnes ne sont plus suffisans, — et les canons n'en consomment plus depuis que la *guerre s'est civilisée!* — Oh! FEMME, la fécondité est un fléau. — FEMME, *sois prudente!*

FEMME, FEMME! ne rougiras-tu jamais du rôle que tu joues? Seras-tu toujours dupe de la *fausse science* de l'HOMME? — Ne le vois-tu pas maintenant forcé, par les circonstances, de t'appeler à l'égalité, revêtir toujours le manteau d'orgueil et d'égoïsme, et le chercher dans une *épouse individuelle.*

Oh! HOMME! la voix de l'Epouse individuelle sera faible; — ses baisers seront froids! — Sa gloire sera ta gloire, — et, enchaînés tous deux l'un à l'autre, vous serez inutiles à la société. — ou despotes sous une nouvelle forme.

Femmes! rendons grâces à Dieu, *seul* PÈRE de l'*Epoux et de* l'*Epouse* COLLECTIVE. Rendons-lui grâces de ce qu'il s'est servi de la cause de notre esclavage, *l'orgueil des hommes,* pour nous appeler à ta liberté.

Notre liberté a été formulée, par plusieurs hommes, et dans plusieurs ouvrages nous trouverons la science d'avenir que nous devrons mettre en pratique, DIEU renouvelant pour la seconde fois le mystère de la création, a formé l'épouse d'une côte de l'époux; et à son réveil il sera encore ébloui de sa beauté! DIEU donnera à ce couple collectif la science du bien et du mal, que notre MÈRE *Eve* avait dérobé avant le temps, et le règne du mal sera détruit; car la FEMME aura écrasé la tête du serpent. *L'orgueil individuel.*

Une MÈRE *nouvelle,*

UNITA.

BEAUX-ARTS.

SALON DE 1834.

L'artiste doit émouvoir. Cette puissance, il ne la possède
véritablement que lorsqu'il est nourri par une pensée générale,
une pensée religieuse, douce nourrice qui lui verse généreu-
sement dans l'âme cet enthousiasme qui fait du poète un prophète avec lequel Orphée donnait du sentiment à la pierre, avec
laquelle les peintres du Vatican arrachaient les convictions à
ceux qui regardaient leurs tableaux. L'histoire des beaux arts
peut se diviser en époques de *pensée* et époques de *forme*. Sous
l'influence d'une pensée religieuse, la forme est comme les
sentimens d'une âme ardente, naïve et sublime, désordonnée
et naturelle, simple et biblique; voyez le langage patriarcal
d'Homère, et la franche allure des poésies du moyen-âge.
Mais lorsque cette source de miel est tarie, que l'incrédulité
vient s'asseoir sur l'autel, et glacer sur les lèvres du prêtre ses
paroles brûlantes, alors à la préoccupation de la pensée succède la préoccupation de la forme qui devient sévère, régu-
lière, classique. Lorsque Aristophane fait descendre les dieux
de l'Olympe sur le théâtre, qu'il les couvre d'oripeaux et les
jette aux risées de la populace, alors viennent les rhéteurs.
Lorsque le seizième siècle, ce siècle de disputes entre les moi-
nes, les rois, le pape et l'avenir trouble le silence mystique du
cloître et de l'église, lorsque la divine colombe, s'effarouchant
dans son nid d'ogives, prend son vol et remonte au ciel dans
les bras de son père, alors les arts sortent du temple, froids
comme un corps que la vie a déserté; on proclame la renaissance, c'est-à-dire le triomphe de la forme sur la pensée.
Ainsi les arts vivent de la même vie que l'humanité; ils rayon-
nent d'enthousiasme quand elle est religieuse, ils manquent
d'inspiration quand elle est incrédule.

De même que l'humanité se fatigue de marcher sur un sentier aride que ne fleurit aucun sentiment de bonheur, de

n'avoir aucune pensée sur laquelle elle puisse reposer son âme brisée, de même les arts, lorsque l'époque classique a fait ses évolutions, qu'elle a eu son siècle d'Auguste ou son siècle de Louis XIV, qu'elle a dit son dernier mot dans un Virgile ou un Racine, que le mérite ne consiste plus que dans des imitations et des pastiches, alors les arts s'efforcent de revenir à une forme d'originalité et de vie, on brise les règles de la rhétorique, on fait de la liberté, de l'art, du *romantisme*. Bientôt viennent des hommes intermédiaires, des éclectiques dans les arts comme dans la politique, comme dans la philosophie ; et des hommes marchant à une forme d'avenir. Cette époque est la nôtre ; en littérature, M. Casimir Delavigne est en face de M. Victor Hugo ; en peinture, M. P. Delaroche est en face de M. Ingres. Espérons qu'en sculpture, la question ne tardera pas à se dessiner mieux.

Une *pensée* nouvelle n'anime pas encore ces novateurs ; ce n'est qu'un travail de forme, mais c'est une préparation nécessaire pour comprendre la parole de Dieu qui va parler par la bouche de son élu.

Ces premières idées vont nous servir à comprendre l'exposition et le mouvement des esprits. Pourquoi la foule, artistes et amateurs. tourbillonnent-ils autour de deux tableaux, celui de M. Delaroche et celui de M. Ingres ? c'est que tout le problème actuel de l'art se trouve renfermé dans le talent mixte de M. P. Delaroche, et le génie original de M. Ingres.

Le sujet du tableau de M. P. Delaroche est Jeanne Gray au moment où le bourreau va lui trancher la tête par ordre de la reine Marie. Pauvre jeune fille ! Tu vas mourir pour avoir fait un rêve, tu as voulu te parer des ornemens royaux, tu as voulu voir tes beaux yeux rayonner sous une couronne de diamans, mais Marie t'a faite descendre du trône au fond de la tour de Londres, au lieu d'une couronne brillante, elle t'a donné un bandeau qui te ferme les yeux, au lieu de coussins dorés pour reposer ta tête, elle te donne un billot. Oh ! tu as bien souffert, tu as long-temps versé des larmes sur un passé fleuri, maintenant on voit qu'il te tarde d'être dépouillée d'une vie qui te pèse ! Ta pensée heurte l'avenir.... Tu fais bien Jeanne, car l'immortalité est au bout de la hache du bourreau ! En face de Jeanne est le bourreau, c'est une noble tête ; sous les plis de son front il cache de la douleur. Il semble se dire à lui-même : pourquoi a-t-elle quitté son berceau parfumé de fleurs et de caresses ? Pourquoi dix-sept ans sont-ils venus l'un après l'autre lui apporter tant de grâces ? Pourquoi l'ont-ils parée de tant de beauté, pour qu'elle vint épouser ma hache. A côté de Jeanne est le gardien de la tour, dont la tête manque d'expression, derrière, les deux suivantes de la princesse s'évanouissent. La couleur de ce tableau est d'une vérité frappante, le dessin est régulier, les poses naturelles, mais on voit avec peine que l'artiste était trop préoccupé des détails, le tapis est soigneusement tendu, les plis de la robe de Jeanne tombent régulièrement, rien ne manque, pas un clou. M. Delaroche prend une position donnée, s'en pénètre bien et l'exprime avec exactitude, mais il manque d'originalité. Ce n'est qu'un homme de grand talent.

Que ceux qui ne conçoivent pas encore l'unité dans la variété, s'approchent du tableau de M. Ingres. Saint-Symphorien a souffert dans les cachots la soif, la faim et toutes les tortures. Sa chair a bien pu saigner, elle a pu s'ébranler et tomber en lambeaux sous les coups du licteur, mais son âme est restée inébranlable! Il marche au supplice comme un romain vainqueur marcherait au triomphe ; il triomphe lui aussi, car tous les tourmens sont venus se briser contre sa foi. Au milieu de son enthousiasme de martyr, un sentiment douloureux lui tombe dans le cœur... Sa mère! Il l'abandonne sur la terre! Il lui jette un dernier regard, mais un regard où l'on voit son cœur suivre la lumière de ses yeux. Elle! Oh qu'elle est grande! Elle voit celui qu'elle a porté dans ses entrailles, celui pour lequel elle s'est fondue en soins et en caresses, marcher à la mort. Eh bien! Cette mère ne faiblit pas, car Dieu s'est révélé à elle, car elle a senti que la tombe n'est pas une fosse de boue, mais un bain où l'âme se dégage de ce qu'elle a d'impur pour planer plus radieuse et plus belle dans les champs d'une nouvelle existence! La mère et le fils semblent deux âmes prêtes à prendre ensemble leur vol vers l'éternité. Oh! Merci M. Ingres, d'avoir fait cette tête de mère, c'est une belle réponse donnée à ceux qui pensent encore que la femme n'a reçu un cœur que pour des sentimens de faiblesse. Si Dieu les a douées de plus de sensibilité que les hommes, il ne leur a pas donné moins de dévoûment et de grandeur. Derrière Saint-Symphorien est le proconsul, dont la figure, impassible et froide comme le texte de la loi, contraste singulièrement avec l'exaltation du martyr. Autour de l'action principale, M. Ingres en a groupé d'autres qui la développent et la complètent. Nous regrettons qu'au milieu de cette foule qui se presse, l'artiste n'ait pas semé quelques têtes qui pressentent le christianisme ; avec cette expression qu'il sait donner aux figures religieuses, elles auraient produit un bel effet. Des défauts de couleur, de l'exagération dans le dessin, une oreille de femme mal placée, des jambes et des bras dénaturés sont de trop petites taches pour qu'on puisse s'y arrêter, ayant tant de belles choses à admirer. M. Ingres est un homme de génie.

D'après les distinctions que nous avons faites d'artistes éclectiques et d'artistes originaux, nous placerons après M. P. Delaroche, M. Delacroix et M. Vernet; après M. Ingres, MM. Granet, Decamps et Scheffer aîné.

M. Delacroix a donné plusieurs tableaux; les deux plus remarquables sont : la bataille de Nancy, où fut tué le duc de Bourgogne, Charles le Téméraire, et les femmes d'Alger dans leur appartement.

L'ensemble de la bataille de Nancy ne produit pas un bel effet, quelques détails méritent d'attirer l'attention, le désordre est trop régulier, il y a trop de clarté dans les rangs. Sur le premier plan du tableau, l'on voit un combat singulier : Charles, dont le cheval s'est embourbé dans un étang, et fait de pénibles efforts pour en sortir, est attaqué dans ce moment par un chevalier lorrain qui le blesse d'un coup de lance ; le duc, désarçonné, est vigoureusement peint, la fureur semble découler de ses cheveux hérissés et de ses grands yeux rouges de sang.

Les femmes d'Alger sont nonchalamment assises sur des tapis, au milieu de nuages de parfums. L'artiste a bien exprimé leur ennui du désœuvrement et des voluptés; les pauvres filles sont insouciantes, elles ne savent ni agir, ni penser; elles s'abandonnent à un *far niente* qui les fatigue.

M. H. Vernet a peint l'entrée du duc d'Orléans au Palais-Royal; au milieu du tableau, trois héros de juillet lisent une proclamation, leurs physionomies sont pleines de caractère. Si l'on ne connaissait les bonnes opinions de M. Vernet, on pourrait croire qu'il a voulu carricaturer son principal héros.

Un second tableau du même auteur représente une scène d'Arabes dans leur camp, écoutant une histoire. Les figures des personnages expriment bien cette avidité effrénée des Arabes pour les histoires; toute leur existence semble suspendue aux lèvres de celui qui raconte. Une jeune fille qui avait fait un pas pour s'éloigner, s'arrête enchaînée par la curiosité. Ce tableau est plein de talent.

M. Granet a fait un beau tableau de la mort du Poussin, de cet homme de Dieu, plein de modestie et de conscience, qui rougissait quand on le comparait aux grands artistes qu'il admirait, qui refusait toujours une portion de la somme qu'on voulait lui donner d'une de ses œuvres. Dans tout ce tableau respire une poésie naïve; couleur et personnages, tout y est d'un naturel et d'une facilité remarquables. M. Demidoff en a donné 12,000 francs sans marchander.

M. Decamps a peint la bataille que Marius gagna sur les Cimbres en Provence. On voit un déploiement de forces prodigieux, des milliers d'hommes vous apparaissent comme des nuages de moucherons dans certains jours d'été. Cependant quelques actions distinctes facilitent la compréhension du tableau. — Un corps de garde sur la route de Smyrne à Magnésie est remarquable par le ton naturel qui y règne, et la couleur si originale de M. Decamps.

C'est une ballade de Schiller qui a fourni à M. Scheffer le sujet de son tableau, l'Herhovol, comte de Wirtemberg, dit le *Larmoyeur*.

« Et tandis que nous, dans le camp, célébrons notre vic-
» toire, que fait notre vieux comte? Seul dans sa tente, de-
» vant le corps mort de son fils, il pleure. »

BALLADE.

Le cadavre du fils est peint avec une vérité qui fait impression : la tête du vieillard est belle de douleur.

Il y a une multitude d'autres tableaux qui méritent d'attirer au Musée la foule des amateurs. En nommant MM. Schnetz, Guérin, Heim, Fleury, etc., etc., on n'a pas de peine à persuader.

La peinture de genre est en général bien faite.

MM. Isabey et Gusin ont donné d'excellentes marines.

MM. E. Bertin, Watelet, Regnier, soutiennent leur réputation dans le paysage.

Le nombre des portraits est prodigieux. On remarque celui d'un apôtre Saint-Simonnien qui lance vers le ciel un regard d'inspiré.

En sortant du Musée, il vous vient une pensée triste. Des batailles, des naufrages, des échafauds, des paysages, des portraits, des milliers de tableaux, et si peu de pensées d'avenir! Des efforts inouïs de dessin et de couleur, une dépense prodigieuse de talent pour ne peindre que des scènes usées et stériles.

Les peintres représentent la femme de toutes les façons, ils en font une fleur dont ils parent tous les bouquetiers dans les boudoirs; ils l'enivrent de parfums, et de galans propos; dans les fêtes vous la prendriez pour une prêtresse avec les riches vêtemens dont ils la parent; dans les intérieurs de maison ils la couchent voluptueusement sur un divan, le front couronné de rêves; ici comme une plante caressée du soleil, ils la font s'épanouir sous l'haleine de son amant, là, sans ménager sa pudeur, ils dévastent son beau corps pour la traîner au bourreau. Hélas! Messieurs, grâce de parfums et de parures, d'étreintes passionnées et d'échafauds; mais donnez à la femme une place digne d'elle! On a reproduit Ève cueillant le fruit défendu; que l'auteur s'approche du tableau d'un de nos amis, Jules Laure, que nous remercions de s'être fait l'artiste des pensées d'une grande femme. Il verra Lélia agenouillée près du cadavre de Sténio; tout un monde de douleurs pèse sur ce front de jeune femme; de cruelles déceptions ont appâli cette belle tête! Peut-être pensera-t-il que depuis assez long-temps les filles d'Ève se déchirent les entrailles et le cœur pour les fils d'Adam; que depuis assez long-temps elles arrosent de pleurs les chemins de la terre, pour qu'enfin un nouvel Eden découvre pour elles son horizon de bonheur! Artistes! si vous aimez la *femme*, si quelquefois sa beauté a versé dans vos âmes une poésie douce, si elle a donné à votre pinceau assez de délicatesse et d'inspiration pour fixer sur la toile vos rêves et vos joies, montrez-la grandissant en liberté! D'abord écrasée sous des boucliers, marchant comme le prolétaire étouffée sous le poids de ses chaînes, son corps, ses pensées, ses désirs, toute son existence, brisés dans la main de son tyran; puis, commençant à regarder son maître en face, et transformant progressivement son esclavage en une tutelle qu'elle veut rompre aussi! Car Dieu, bonne, a soufflé dans son âme l'amour de la liberté; elle veut être libre, la femme! mais libre pour adoucir les maux de l'humanité, comme la sainte colombe qui descendit du ciel; libre! pour arracher la guerre du cœur de l'homme et le conduire dans les voies de Dieu, dans des voies de paix et de bonheur; libre! pour épouser comme le savant l'univers, avec son intelligence, et l'attirer dans un même réseau d'amour; libre! pour servir de lien entre les peuples comme entre les individus. Elle veut un piédestal dans le temple, pour jeter au monde les paroles religieuses qui grandissent les cœurs et montrent à la pensée le sentier de l'avenir!

Le prolétaire n'est entré dans les tableaux du salon, que les armes à la main, souillé de sang et de boue, jetant la rage de sa bouche et la cruauté de ses yeux. Artistes! si vous avez frappé dans la main du fils du peuple, si vous avez senti tout ce qu'il y a de force et de grandeur sous sa grossièreté et son ignorance! montrez à nu ses plaies saignantes pour que ceux qui possèdent dans leurs mains les moyens d'adoucir ces souffrances s'attendrissent! Si vous aimez le drame, peignez ces scènes affreuses qui se jouent tous les jours sous vos yeux, peignez un malheureux père malade sur un grabat dévoré par l'agonie et la misère, ses nombreux enfans qui lui demandent du pain avec des cris et des pleurs, sa fille dont le travail ne peut suffire aux besoins de son père et de ses frères...... puis.... plus loin.... le riche lui montrant l'or nécessaire pour soulager son père et sauver ses jours... mais à une condition infâme!! Faites ainsi pleurer, gémir, crier, désespérer votre toile qu'on y voie tout ce monde d'angoisses, de tortures, de déchiremens que la civilisation voile d'un sourire menteur? qu'on y entende les cris terribles de la faim, et les sanglots de la prostitution! Que vos tableaux soient un miroir qui réfléchisse toutes les douleurs du pauvre, et les concentre en un foyer qui fonde le fer, qui emboîte le cœur du riche et l'enserre si étroitement que tout battement soit étouffé. A Anvers on voile un christ de Rubens, parce que sa vue produit une secousse électrique qui fait mal, qu'ainsi devant vos œuvres, les privilégiés s'effraient d'être heureux, quand des milliers d'autres agonisent de misère!

Si vous êtes enthousiastes, faites place, élargissez vos toiles pour que l'humanité puisse y jouer son drame gigantesque; marcher dans les airs, dans les eaux, dans les entrailles de la terre: faire sur les mers des glissades de mille lieues; charger sur ses épaules les montagnes et les forêts pour en faire des pyramides ou des temples : prendre le monde dans ses mains, le briser, le piller, le concasser, le transformer; toujours pour obéir à la loi du progrès, cette voix puissante de Dieu qui l'appelle éternellement et lui fait traverser de nouveaux mondes d'idées, de besoins, d'inventions et la fait marcher! marcher où?.... vers le temple des vraies joies que nous n'apercevons encore que dans un horizon idéal, mais dont un jour nous verrons les colonnes se dresser et les éternelles tours traverser les airs.

Artistes! vous pouvez vous créer une grande misssion!

Marie Camille de G.

DES ÉVÉNEMENS DE LYON.

ET DE LA NÉCESSITÉ D'UNE RÉFORME INDUSTRIELLE. (Suite.)

J'ai dit les pensées qui m'ont agitée en lisant les événemens de Lyon ; mais ce n'est point assez, car je suis restée sur ce terrain si vague où nous a placé le mysticisme politique qui nous régit, et ces faits tendent à nous en faire sortir : d'ailleurs j'ai touché à la question des coalitions, et j'ai dit que pour moi je ne pensais pas qu'elles pussent, par elles-mêmes, avancer la solution du grand problème qui nous occupe. Je dois donc expliquer ma pensée, dire ce que je désire, ce que je pressens pour l'avenir des travailleurs et des femmes. Car c'est lorsque les problèmes de *l'organisation du travail* et de *la répartition des bénéfices* seront résolus, que vraiment la liberté du peuple et de la femme sera conquise.

Un fait ressort résultant de ces événemens, c'est la maladie qui mine notre corps social, maladie qui tend à le mener au tombeau, si on ne se hâte d'y porter remède ; mais quels remèdes ? sera-ce des paroles, des théories, une réforme politique. Il nous faut plus que ça : il est une réforme plus pressante, une réforme qui seule mène à toutes, c'est la *réforme industrielle*. Oui, l'organisation du travail est fausse, car elle repose sur le morcellement, elle sépare les intérêts les uns des autres : chacun étant obligé, pour son bonheur, de désirer le malheur de son voisin ; elle divise le maître et l'ouvrier, en leur créant des intérêts différens ; elle n'a donc de puissance que pour jeter la haine dans la société ; elle ne peut nous conduire qu'au désordre, à l'anarchie : ils existent et nous en sentons les terribles effets. Il n'est donc que temps de remédier à tous ces maux que seule elle a engendrés. Et comment le faire ? En substituant l'association au morcellement ? en unissant les intérêts des maîtres et des ouvriers ? en les unissant et non en les confondant ? en faisant que chacun ait son intérêt particulier, mais en même temps se sente lié à l'intérêt général ? que chacun soit rétribué en rapport de son travail, talent et capital ? enfin en rendant le travail attrayant ? en variant les travaux ? et par suite en augmentant le produit général ? Voilà ce qui constituera les bases d'une réforme industrielle, qui seule peut nous conduire à une réforme sociale. Ces idées auraient besoin de larges développemens ; les bornes d'un article sont trop restreintes ; mais elles ont été développées d'une manière si large par M. Fourrier, au système de qui elles appartiennent toutes, que je puis me dispenser de le faire aujourd'hui ; mais j'y reviendrai, car tout notre avenir industriel est là, nous devons le reconnaître.

On a beaucoup parlé des améliorations apportées au sort du peuple : les uns ont vu tout son bonheur dans une réforme politique, qui selon eux nous conduira à une réforme sociale. Leurs intentions, je n'en doute pas, sont bonnes ; mais le peuple souffre ; il faut des remèdes plus actifs. Hier, à Lyon, il se soulevait ; il y a quelques mois, c'était dans nos murs ; demain peut-être ces mêmes faits se reproduiront. Il faut donc plus qu'un avenir éloigné ; il faut une théorie que de suite on puisse réaliser. M. Fourrier l'a ; c'est donc la sienne que nous devons prêcher, et dont nous devons hâter la réalisation. Il est beau de dire : la moralité du peuple est grande ; par elle, par l'instruction qu'on lui donnera, par la force des choses, il doit être un jour heureux. Mais il faut aussi dire comment il le sera, le moyen de réaliser cet avenir ; il ne s'agit pas de dire c'est l'association, il faut dire comment on la sent, comment on veut la réaliser.

En présence d'une association conçue sur des bases aussi larges que celles tracées plus haut, la question des coalitions n'est plus qu'une question du présent, qui n'a d'autre valeur que celle de réunir les ouvriers, de leur faire sentir qu'ils seraient plus heureux s'ils étaient associés, de manifester la puissance qui est en eux, et en même temps d'attirer l'attention par les douleurs sans nombre qui accablent les travailleurs, mais n'avancent pas autrement l'avenir qui doit sauver la société.

J'ai dit que la question des femmes était liée essentiellement à celle des travailleuses et je vais essayer de le prouver. On a beaucoup parlé au peuple de sa liberté politique, aux femmes de leur liberté morale et intellectuelle, cela est beau, c'était une justice qu'on nous rendait, mais on ne nous a pas donné les moyens de l'acquérir. *A nous de les chercher.* Je reconnais la vérité de ces paroles, mais pour cela nous devons aider les découvertes des travaux faits par les hommes. Un système d'association a été trouvé, conçu, qui, conciliant tous les intérêts matériels du peuple et de la femme, leur donne par ce même fait leurs droits politiques et moraux: c'est donc un devoir de conscience de le reconnaître et de le proclamer. Qu'après, nous cherchions ce qui convient mieux à notre nation dans tous les sentimens intimes qui remplissent la vie, et que là notre voix se fasse entendre *forte et puissante*, mais pour pouvoir pratiquer ces nouvelles théories, pour pouvoir laisser notre cœur se livrer à tous ses sentimens, il nous faut la liberté matérielle, de même qu'il la faut au peuple, et cette réforme ne peut se faire pour lui qu'autant qu'elle aura lieu pour nous, c'est pourquoi j'ai pu dire avec vérité que son avenir était le nôtre et que votre bonheur dépendait du sien.

Voilà un des points de vue sous lequel la liberté du peuple et des femmes doit être envisagée. Tous les intérêts sont liés dans la société, car tous sont intéressés à son bonheur général, puis de lui doit dépendre le bonheur individuel. Nous avons donc à faire comprendre à chacun que le bonheur général tient à ce que tous individuellement soient heureux, et que la réforme sociale que nous appelons de tous nos vœux, loin de nuire à personne viendra au contraire consolider tous les intérêts.

Oh! oui, espérons, l'avenir sera grand et beau, nous en avons la foi, le temps de la douleur et de l'abnégation va bientôt finir; le règne du bonheur et du plaisir va lui succéder. Mais pour cela il faut travailler à hâter cet avenir, et tout en gémissant sur les douleurs que les événemens de Lyon ont dû causer, je m'en réjouis comme de la protestation la plus éclatante qui ait encore été faite contre votre fausse organisation; le peuple en se levant dans le seul but de demander une amélioration à son sort, mais se relevant avec calme et dignité, a fait penser qu'il était temps d'apporter un changement à son sort. Espérons qu'un jour ayant compris toutes ces idées d'avenir, il viendra lui-même en demander l'application. Voilà mes vœux, mon espoir qui, je n'en doute pas, seront bientôt une réalité.

MARIE REINE.

SUZANNE, *Directrice*.

Imprimerie de l'Estt, rue du Caire, n. 4.

TRIBUNE
DES FEMMES.

Notre bannière étant à la peine, il est juste
qu'elle soit à l'honneur.
JEANNE-D'ARC

Egalité entre tous de droits et de devoirs.

Tome Second — 11me Livraison. p. 169—184

PARIS,

AU BUREAU DE LA TRIBUNE DES FEMMES,
RUE DES JEÛNES, N. 21.
ET CHEZ JOHANNEAU, LIBRAIRE, RUE DU COQ-SAINT-HONORÉ.

Avril 1834. — Deuxième année.

UN DIVORCE.

Rêvant une perfection qui n'est pas sur la terre, nous croyons que Dieu nous fera connaître un jour l'homme qui méritera tout notre amour; qui, lui-même, nous aimera éternellement. — Ce rêve est celui que les pauvres mortels font du moment où leurs yeux s'animent, où leur cœur palpite au charme inexplicable d'une douce rêverie d'amour; on veut n'aimer qu'une fois, on s'isole de la nature entière pour revêtir l'objet aimé de la forme que notre imagination a créée ; puis un jour vient où l'illusion cesse... Ce moment est épouvantable pour qui ne sait pas trouver dans une grande pensée un noble sujet de compensation.

Gardons-nous donc bien des erreurs de notre imagination, de notre cœur ou de nos sens, si nous ne sentons pas en nous-même la force de nous élever au-dessus du *préjugé absurde* qui veut qu'une *première passion* ou un *premier lien* fasse la destinée de la *femme*, ou plutôt, comme cette prévoyance toute divine n'appartient qu'à Dieu, craignons de partager l'effroi menteur du monde pour le *divorce*.

Tant que le *mariage* existera, *la loi du divorce* en sera le complément *nécessaire*, — mais non pas telle qu'elle vient d'être votée à la chambre législative : résumé du 18me siècle, elle ne

peut encore avoir qu'une valeur négative. — La philosophie vol
tairienne s'étant donnée pour mission de détruire la hiérarchie
catholique, et avec elle l'absolutisme du dogme chrétien,
l'obstacle le plus grand à la liberté et au développement indivi
duel, l'esprit des lois qui découleront de ce principe tout critique, tout désorganisateur, ne sera et ne peut être, pour le
monde entaché de septicisme, qu'un levier révolutionnaire. —
Voyez du reste la justification de cette pensée dans cette *loi du
divorce* qui bientôt va être remise en vigueur. Quel est son
esprit ? est-elle morale ? tient-elle compte des antipathies —
des répugnances, — de la fatigue de vivre toujours de la même
vie ? Rend-elle les individus au bonheur — leur indique-t-elle
une autre voie lorsqu'ils se sont trompés de route pour y arriver ? pas le moins du monde. — Quand donc intervient-elle ?
Quand le mensonge, la fraude, la discorde, tous ces fléaux de
l'intimité se sont introduits dans le ménage, et en ont banni
l'harmonie. — C'est alors que le *divorce*, sec, froid, insensible comme l'est un texte écrit, invariable pour toutes les positions ; vient, non pas *désassocier* deux individus qui ne se comprennent plus, mais *briser* violemment deux existences, et les
rejeter au loin l'une de l'autre.

Et moi aussi dans l'époque transitoire, je comprends et veux
le *divorce*, je le demande et le réclame comme une justice et
comme le corollaire essentiel pour arriver à notre *liberté morale* — mais non plus je ne veux pas qu'il soit comme par le
passé, escorté d'*injustice*, de *haine*, de *violence* et de *fraude*.
— Déjà dans un numéro de la *Tribune des Femmes*, (1) je
m'exprimais ainsi en touchant légèrement à cette importante
question : « Qui ne comprend maintenant, pour peu que l'on
» soit avancé dans la science de la vie, qu'il est absurde de
» contracter mariage sans ce correctif ? Qui peut assurer que

(1) Premier volume, page 215.

« quelques années n'opéreront pas une transformation com-
« plète dans nos goûts, dans nos désirs, dans nos pensées ?
« Il est inouï que, dans ce siècle de *garantie*, l'on ne cher-
« che pas à assurer ce qu'il y a de plus noble en nous, *l'indé-*
« *pendance de notre volonté*. Pourquoi nous garotter ainsi
« nous-mêmes par des chaînes éternelles, nous créatures fi-
« nies ? Il n'y a que Dieu qui ait *droit* et *puissance* de se poser
« des lois *éternelles*. » — J'annonçais que j'allais faire suivre
ces paroles d'un article qui devait compléter toute ma pensée
sur cet important sujet. — J'avais alors l'intention, que je vais
réaliser aujourd'hui, de faire de la morale vivante, c'est-à-dire
de raconter un *fait*, un acte accompli sous l'inspiration d'un
sentiment très-élevé, très-social, d'après le désir bien vif d'affranchir par mon exemple les femmes de la nécessité du *men-*
songe, de *l'adultère moral*, de la *prostitution légale dans le*
mariage. — C'était comme introduction à la déclaration publique de *mon divorce*, et pour mieux faire saisir dans quel
esprit ce grand acte avait été résolu et accompli, que je plaçais
ces mots dans l'article déjà cité: « Vienne la religion de l'ave-
« nir, belle et vaste comme l'amour infini, recevant dans son
« sein toutes les individualités, toutes les natures. Oh! alors,
« les lois qui auront cette base pour appui, ne seront plus ré-
« pressives, mais préviendront le mal, adouciront les sépara-
« tions, calmeront les douleurs, empêcheront les haines de
« naître ou de se propager, etc., etc. » — Si à l'époque de
« ma séparation avec *Voilquin* (il y a environ 15 mois), je
n'accomplis pas cette résolution, ce ne fut point par aucun retour de pitié sur moi-même; non certes, je ne reculais pas
devant les conséquences de ma volonté, j'étais disposée à tout
braver, car en moi, dans ma conscience, était l'affirmation que
ce que j'avais fait était *grand !* Mais je dus m'arrêter devant la
certitude de n'être pas alors comprise par les *femmes*. — Mon
but était d'être utile à mon sexe, par mon exemple, de l'ins-

taire et non de le demander... — j'attendis.... Quelques femmes seules me comprirent et m'admirèrent pour mon courage, pour mon dévouement à la cause que j'ai embrassée. — Merci chères compagnes. le bien que vous m'avez fait est une dette sacrée pour mon cœur; je m'en acquitterai en le rendant à d'autres.

Aujourd'hui le monde est revenu à moi, les *femmes* sont prêtes à me comprendre. — Je puis apprendre à *tous* la route nouvelle que la première j'ai osé parcourir. — Me plaçant au-dessus des étroites et mesquines coutumes que les hommes *seuls* ont transformées en loi, élevant ma pensée à une conception universelle — *la liberté de la femme!* — j'ai rejeté comme anti-humaine une loi qui m'opprimait. — *Un nom d'homme* semblait à mon esprit indépendant un joug trop lourd à porter, je l'ai déposé... Mais ici je m'arrête, je dois me hâter, par des explications plus détaillées, de faire connaître et apprécier l'homme auquel je fus unie pendant huit ans. — Son caractère *bon*, *loyal*, son enthousiasme si vrai pour tout ce qui est *grand* et *généreux*; sa conduite vis-à-vis de moi pendant ces huit longues années, — tout me fait un devoir de ne point laisser obscurcir, par un doute injurieux, *son nom*, *son caractère* et *son honneur*.

Ce fut le 26 *avril* 1825 que j'épousai *Voilquin*. Cette union fut contractée *librement*, mais sans *amour* de mon côté. — Hélas! sait-on le *pourquoi* de *l'amour* ou de *l'indifférence?* — Non. C'est un des impénétrables mystères de la vie.

— En vérité, malgré mon horreur pour le mensonge, pour tout ce qui est *manque de foi*, je ne crois pas être en droit d'attribuer la conduite toute chrétienne que j'ai tenue pendant les huit années que dura notre union, à ce que le monde appelle *vertu*. — Mon mérite était tout *négatif*, il se trouvait dans mon *indifférence*, ou plutôt dans mon *mépris* pour tous les *hommes*.

— Au matin de ma vie, un d'entr'eux m'avait trompée *si bas-*

sement.... Se jouant de ce qu'il y a de plus sacré dans l'âme
d'une jeune fille tendre, exaltée.... pour se faire croire, jurant
par ma *mère* et mon DIEU ! mes deux croyances chéries....
Dès cet instant, les rêves si brillans de mon imagination, les
joyeuses illusions que j'attendais et réclamais de la vie, la con
fiance si expansive que je me sentais dans l'âme pour tous ceux
qui m'approchaient, *tout fut anéanti.* — Alors je vécu d'une
vie d'*angoise*, de *doute* et de *défiance.* — Dès lors aussi je n'attendis plus rien de la vie.. et cependant je ne me détruisis pas
— je croyais à l'immortalité de l'âme!!

Deux ans après cette époque, trop passionnée pour ne point
souffrir cruellement du vide de mon âme, je résolus d'être
mère. — Ces petits anges, pensais-je, s'échappent du sein de
DIEU, depuis si peu de temps... ils sont si *purs* ! qu'il ne faut
sans doute que les entourer de beaucoup d'amour pour les pré-
server du souffle contagieux des hommes et des vices de la société; — mais il leur fallait avec mon *amour*, un *nom*, une
existence. Ce fut cette pensée qui me détermina à sacrifier mon
indépendance, à *me marier.* — *Voilquin* m'aimait, il avait une
franchise de caractère très-estimable à mes yeux. — Je l'épou-
sais, me promettant de le rendre heureux, de payer son dévoûment par des soins constans et assidus. — *Voilquin* a rendu
hautement témoignage que j'avais tenu cette parole,—moi seule
j'ai vécu d'abnégation et de sacrifice pendant ces huit années —
et sans voir hélas mon espoir se réaliser...

Aujourd'hui je ne veux que raconter un *acte* qui se rattache
d'une manière toute spéciale à l'œuvre d'affranchissement qui
fait désormais partie intégrante de ma vie. — Trop de détails
antérieurs à cette époque deviendraient donc inutiles. je n'aurais pas même. quant à présent, *touché à mon passé.* s'il
n'eut point été nécessaire pour faire mieux comprendre ma
pensée sur le *divorce*, de mettre en regard des idées nouvelles

qui ont réveillé mon âme de sa longue léthargie, les dispositions morales où tous deux nous nous trouvions alors.

En 1831 nous connûmes le *Saint-Simonisme* : les principes
politiques de cette doctrine vinrent ranimer notre espoir et nos
illusions sur l'avenir du *peuple*, que les suites de la *révolution
de Juillet* nous avaient sitôt fait perdre.— Plus tard, persuadés
que *là* était *l'avenir*, nous résolûmes de nous consacrer entièrement à la propagation de cette nouvelle science sociale.
— Aussitôt que la spécialité de *Voilquin* put trouver place dans
l'intérieur de *cette famille*, il quitta sa clientelle d'architecte,
et nous vînmes corps et âme faire partie de ce *nouveau monde*.

Peu après fut donné par le PÈRE à la *famille St-Simonienne*
et au *monde*, *les théories* sur la *liberté* de la *femme*. — *Voilquin*,
homme de foi et d'enthousiasme, fut un des premiers qui en
sentit la haute moralité et qui les adopta complétement. — Il
ne croyait pas alors être un des premiers appelé à justifier sa
foi par la *pratique*.

Entre la théorie d'un principe et sa traduction pratique, il
y a même pour les hommes les plus forts un abîme à combler.
—Il s'agissait donc, pour la tranquillité de ma conscience et de
mon cœur autant que dans l'intérêt de la religion que j'avais
embrassée, d'empêcher que *Voilquin* n'y tomba, ne se démora-
lisa. — Aussi dès l'instant où je pris la résolution de n'être plus
pour *lui* qu'une *sœur*, puisque des rapports plus intimes deman-
daient de ma part une dissimulation constante; je dus m'appliquer par une préparation longue et soutenue, à lui éviter
plus tard au moment de cette déclaration un choc trop douloureux. — J'avais promis devant l'autel des chrétiens de rendre
heureux celui que je nomme encore avec plaisir *mon bon Eu-
gène*, il fallait donc pour accomplir ce vœu ne point faire les
choses à demi. — *Voilquin* n'a que 34 *ans*, il aime passionné-
ment les femmes, il n'aurait donc point supporté l'abandon de

celle qu'il s'était plu à nommer souvent la compagne chérie de ses vieux jours, si préalablement son imagination ne lui eût présenté un autre *type*, si son cœur ne se fût épris d'une autre *femme*.

Dans l'hiver de 1852, je tenais chez moi des petites réunions. Une jeune personne, nommée *Julie Parsy*, y vint. — Elle aima *Voilquin* la première, avec toute l'ardeur d'une nature profondément sensible, je m'en aperçus, je ne provoquai pas ce sentiment, mais je le laissais naître, persuadée, si je le voyais partagé, d'avoir en moi la force de le *sanctifier*, en cédant à *Julie*, auprès de celui qu'elle aimait, ma fonction *d'ange gardien* (comme plus tard je le lui écrivis), ainsi que tous les droits dont la société m'avait investi.

Ce que j'avais prévu arriva : *Voilquin* se sentit touché malgré lui d'un amour si vrai, amour qu'il n'avait pu parvenir à exciter en moi... C'est à ce moment que je crus devoir faire cesser la situation difficile et même pénible qui nous comprimait tous trois. — A la fin de janvier 1853, je déclarais à *Voilquin* que même le *mariage* me semblait une *prostitution*, si l'amour n'unissait pas les deux associés, que n'éprouvant pour lui qu'une tendre amitié, je voulais restreindre nos relations intimes, et les borner à l'état de fraternité absolu. — Il me comprit et céda à ce désir. — Cependant je dois l'avouer, ce moment eût quelque chose de douloureux et de solennel tout à la fois pour tous deux.

Lorsque sans restriction aucune, nous nous eûmes rendu mutuellement notre parole, nous convînmes de faire part de ce divorce à l'homme que nous aimons si tendrement, à celui que nous nommons le PÈRE, nous lui écrivîmes tous deux à *sa prison*, et nous lui déclarâmes l'acte que nous venions d'accomplir d'une manière si religieuse. — Ne nous étant pas communiqués nos lettres, afin de nous sentir plus libres, j'ignore ce que contient celle de *Voilquin*.

Pour moi, en d'autres phrases, je disais : « Je suis libre ! j'ai déposé mes droits sur l'autel de l'humanité ! j'ai affranchi un homme d'un amour qui n'était pas partagé. *Voilquin s'est montré grand* : oui, je le dis avec orgueil. J'ai mis un homme au monde, je l'ai donné à *tous*, etc., etc. »

Depuis, *Julie Parsy* et *Voilquin*, que je regarde comme bien unis et s'appartenant légitimement, sont partis pour *l'Amérique*, ils sont depuis dix mois à la *Nouvelle Orléans*, où j'espère qu'ils parviendront à se refaire une position sociale.

Malgré la difficulté de ma situation matérielle après leur départ, on doit cependant entrevoir que les idées nouvelles ne sont pas venues bouleverser ma destinée : mais bien me rendre à une existence supérieure, en ranimant chez moi la vie que j'y croyais éteinte.

Quelques lettres que *Voilquin* écrivit avant son départ achèveront d'expliquer ce que ce simple récit laisserait d'incomplet et feront mieux comprendre quels sentimens ont dominé ma pensée dans l'exécution de cet acte : — *Conquérir ma liberté sans exploitation pour mon associé,—lui éviter le plus de douleur possible—et coopérer de tous mes moyens à recomposer son bonheur intime.*

A *Ernest Javary*, 26 avril 1853

« Dans peu de jours, je vais quitter la France — la France » qui me fut et qui m'est encore si chère; mais je te le dis avec » un noble orgueil je sens aussi qu'une mission divine m'appelle » sous le ciel brûlant de l'Amérique; c'est dans le pays qui » salue encore avec enthousiasme le nom de *Wasington* et de » *Lafayette* que je vais essayer de faire retentir celui du *père* » et de *St. Simon*; avec la transformation nouvelle, c'est-à-dire » en pratiquant ce que les *pères* m'ont enseigné. Je crois inutile » de t'entretenir des motifs qui m'ont en partie décidé à cet acte, » d'autant plus qu'ils sont connus de la plupart des femmes et

« des hommes les plus *morales* de la famille de Paris : ils savent
» que notre bonne *sœur Suzanne*—aux dépens de son existence
» avenir sous le point de vue matériel, a contribué de tout son
» pouvoir à me faire trouver un bonheur qu'il n'était pas en
» son pouvoir de m'accorder ; car hélas, il y a du don Juan
» dans notre passé à tous deux, c'est un voile funèbre que le temps
» a mis entre nous pour nous faire mieux comprendre la sublimité
» de la parole *du père*.

» Tu me comprends, toi, mon bon *Javary* : toi dont le cœur s'i-
» dentifie à toutes les souffrances, à tout ce qui est noble et
» généreux, tu sais ma conduite, c'est toi qui l'expliquera aux
» incrédules, aux faibles qui sont malheureusement dans une
» majorité assez imposante ; tu leur diras, à ces hommes qui ont
» la prétention de juger ce qui n'est pas donné à leur intelligence
» de comprendre, qu'ils se rassurent, que je pars avec l'assenti-
» ment du PÈRE, du vertueux *Lambert*, du bon *Fournel*, et des
» hommes les plus consciencieux de la doctrine, *que mon départ*
» *n'est pas une fuite*, que je pars avec l'assentiment de ma *bonne*
» *Suzanne* : qu'ils n'oublient pas que la femme que j'aime est
» St.-Simonienne, qu'elle comprend sa dignité de femme, et ses
» devoirs de fille et d'épouse, que son cœur aussi pur que sa pensée,
» n'a jamais eu à rougir d'aucun acte contraire à la morale
» chrétienne, et qu'aujourd'hui l'acte de liberté qu'elle accom-
» plit, est la plus haute, la plus morale protestation contre
» les lois faites par les hommes à leur profit ; enfin qu'elle part
» avec l'assentiment de sa mère qui nous suit ; de *Suzanne* qui
» fut ma femme de par la loi et qui reste *notre sœur* : et que
» connaissant, je le répète, nos devoirs, nous ne les transgres-
» serons jamais... etc etc.

VOILQUIN. »

Paris, 26 avril 1833.

« MA BONNE SUZANNE,

Dans peu un espace immense sera entre nous ; au moment

» de nous séparer pour bien des années, mon cœur éprouve
» le besoin de s'épancher encore dans le tien. Sans rappeler un
» passé douloureux pour tous deux, je désire que tu sois bien
» persuadée que je n'oublierai pas les efforts que tu as faits pour
» me donner un bonheur que Dieu et ta santé compromise par
» moi, (je n'oublierai jamais cette nuit d'orage qui faillit te coû-
» ter la vie plus tard) ne t'avaient pas permis de m'accorder :
» laisse-moi t'exprimer toute ma reconnaissance pour la haute
» moralité dont tu m'as donné tant de preuves, *confiance*,
» *sensibilité*, *résignation*, *courage*, hors l'*amour*, tu m'as *tout*
» *donné*, et par un effort surhumain, tu as travaillé à me
» faire trouver *cet amour* que mon imagination délirante avait
» tant rêvé, en donnant le baiser de paix à la jeune fille, dont
» le cœur vierge n'a pas craint de braver les outrages d'un
» monde austère, en paroles seulement, en avouant un amour
» qui nous rend heureux tous deux. Ce bonheur, *Suzanne*,
» nous n'oublierons pas que nous te le devons, si Dieu comble
» nos espérances, nous travaillerons à améliorer ta position
» sociale, tu n'en rougiras pas, car tu nous as dit que nous
» étions de bons amis, un *frère* et une *sœur* pour toi, qu'un
» jour tu embrasserais avec la même amitié nos enfans qui te
» donneront aussi l'amour dont ton pauvre cœur a tant besoin.
» Nous partons pour pratiquer l'œuvre que, *femme de théorie*,
» tu as conçue; nous partons et nous confions ton avenir à la
» moralité de ceux que nous avons appelé et que nous appellons
» encore nos *pères*, à l'amitié de nos *frères*, à celle des *femmes*
» qui reconnaîtront un jour ce que tu as voulu faire pour elles.
» Courage donc, que notre bonheur, *ton ouvrage*, te fasse
» entrevoir aussi le jour où tes vœux seront comblés en unis-
» sant *ton cœur énigmatique pour moi*, à un autre cœur plus
» fait pour te comprendre, c'est le vœu le plus cher de celui
» qui fût *ton époux*, et qui se glorifie aujourd'hui d'être le
» *premier de tes frères*, et ton plus sincère ami.

VOILQUIN.

Depuis cette séparation , je suis restée *seule* en face le monde. — Ma liberté reconquise m'a permis de travailler plus efficacement à celle de mon sexe. — Rassurée sur l'avenir de mes amis d'Amérique, que je sais être heureux de leur amour — je propage ici, autant que je le puis , cette maxime que je désire voir adopter par les femmes comme base des relations des sexes. — Toute relation intime qui n'a point l'*amour* pour base, est une profanation de la chair.

Aux femmes grandes et sublimes de dire et de prouver jusqu'où devra aller l'*amour social.*

SUZANNE.

La Tribune des femmes va cesser de paraître sous ma direction. La *loi anti-religieuse* contre les *associations*, que nos aveugles gouvernans viennent de promulguer, bientôt chassera de notre belle France beaucoup de cœurs généreux et enthousiastes, il est temps de songer à la vie-pratique, car bientôt *l'Orient* reclamera notre active et puissante participation. D'autres femmes continueront cette œuvre de théorie, femmes fortes et dévouées aussi, mais attachées par leurs liens et leurs affections à notre France chérie.

Pour nous, qui sentons dans nos âmes un désir ardent de coopérer par tous les moyens à cette œuvre gigantesque de régénération, prélude de l'association universelle ; pour nous, marquées par Dieu pour cette œuvre, nous devons hâter nos préparatifs, car l'heure du départ bientôt sonnera pour quelques-unes, heure sublime impatiemment attendue. Déjà deux de nos sœurs nous ont précédées ; femmes courageuses, Dieu est juste ; vos noms, dans l'avenir, seront répétés avec amour : *Cécile Fournel*, modèle d'amour conjugal, on se rappellera votre passé, tout de dévoûment ; et toi, jeune et belle *Clorinde*, toi qui, par dévoûment à ton sexe, t'es sentie dans l'âme la force de quitter l'homme qui est, tout à la fois pour toi, ton *ami*, ton *amant*, ton *époux*, notre bon *Roger*, pour aller au loin préparer des voies nouvelles pour les femmes, ton nom rappellera désormais l'*héroïsme nouveau*, *la femme* prête à sacrifier ses sentimens les plus intimes, les plus chers à une pensée *religieuse et sociale*.

Oui, *Barault* avait raison lorsque, par la pensée, il arrêta, pour ainsi dire, le *siècle*, créa *l'ère nouvelle*, en *féminisant l'année 1833*, en la nommant *année de la* MÈRE. C'est dans cette année que le sentiment sur la *femme* s'incarnât profondément dans le cœur d'une foule d'hommes qui avaient adopté la théorie de l'égalité des sexes, sans avoir bien conscience des résultats de ce principe. Gloire à *Barault!* en fécondant la pensée du PÈRE, par le grand élan qu'il a imprimé aux esprits : par sa nouvelle chevalerie, par son voyage d'Orient, son audacieux appel à la MÈRE sur la terre d'esclavage, là où la *femme* est le plus opprimée. Il a permis aux femmes de pénétrer par des *actes* dans la *pratique de la vie nouvelle.* Oui, cette *année* restera l'*année* de la MÈRE de la FEMME. Cette idée, encore mystique, sera de plus en plus comprise, et réhabilitera, aux yeux de l'avenir tout acte et toute œuvre faits dans le présent.

C'est vers le commencement de cette année que l'acte ; qui tient une si grande place dans ma vie, *mon divorce*, put seulement alors se réaliser.

Peu après eut lieu aussi l'union de deux jeunes gens : *Angélique* et *Javary*, tous deux libres d'accepter les lois du monde, s'y refusèrent, inspirés par la vie nouvelle, et se confièrent mutuellement à leur honneur.

Plus tard s'effectua le départ de *Jeanne Désirée* pour l'Angleterre, jeune fille du peuple, qui n'eut pas la première la pensée de créer un journal de *femme*, mais qui eut la première le courage de l'exécuter. C'est elle qui fonda notre petite feuille sous le titre d'*Apostolat des femmes*, sans aucun moyen matériel pour commencer cette œuvre, conjointement avec *Marie Reine* et moi, qui ne me réunis à ces deux jeunes personnes que vers le second numéro.

Sa pensée, toute artistique, ne permettant pas à Désirée de rester attachée à une œuvre de longue haleine, elle se retira peu après, nous demandant de lui conserver son titre de *fondatrice du Journal*. C'est elle aussi qui eut l'énergique audace de présenter à *Louis-Philippe* une pétition fortement conçue, en faveur du peuple... Maintenant elle est en Angleterre où elle sert, de tous ses moyens, la cause des *femmes*, la cause du *progrès*.

Marie-Reine, long-temps ma codirectrice, ne cessa de l'être que pour satisfaire plus spécialement sa vive sympathie pour le peuple dans cette *année 1855*, elle se fit recevoir membre de l'association pour l'instruction populaire ; depuis, ses journées sont consacrées au travail, et ses soirées employées à faire l'éducation des femmes et des filles du peuple.

Dans cette année, les femmes, à *Paris*, à *Lyon*, impressionnées de la vie nouvelle, se manifestèrent de toutes les manières. A *Lyon*, des femmes prolétaires vendirent même leurs métiers pour se dévouer plus complètement à la propagation de leur foi, et quelques-unes parcourent encore le midi afin de faire partager leur espoir à d'autres femmes.

Plus tard, tous ces noms, tous ces faits, et d'autres aussi qui ne peuvent trouver place maintenant dans ce recueil, parce qu'ils appartiennent encore à celles qui les ont accomplis, seront consignés dans la nouvelle histoire.

A toi un souvenir, pauvre *Claire Démar!* qui viens agoniser et mourir au milieu de nous ;—repoussée de ce monde qui n'avait pu comprendre l'exigence de tes sympathies passionnées Pauvre âme! viendra bientôt pour toi le temps de la justice, je te réhabiliterai en faisant connaître tes dernières pensées, —toi qui a pratiqué la vie jusqu'à satiété sans cependant t'avilir, puisque par ta seule force tu t'es élevée à la conception d'une pensée sociale ; toi qui as connu les douleurs morales, qui les as senties si profondément jusqu'au *mourir!!* pauvre Claire ! pour te rendre le repos, dans peu je ferai connaître à *vous* en publiant ton dernier écrit, (*) le remède que tu as cru propre à appliquer à tant de maux.

Dans un temps de révolution morale, comme au temps d'une révolution politique : « Il faut oser. » Cette maxime est vraie. — Donc je l'affirme hautement pour toute femme qui a conscience de sa force, et le courage de son opinion, elle doit agir et entraîner par l'exemple ; de la multiplicité de ces faits, nous remonterons à l'unité de principe. — Dieu est un et multiple à la fois, également *grand*, également *saint* sous ces deux faces éternelles.

Avant qu'une femme sublime ne vienne résumer son sexe et recevoir comme élan de nos cœurs le beau nom de Mère, agissons toutes d'après notre conscience, mais point de réprobations, point d'anathème pour celles qui auront la hardiesse de justifier leur théorie d'avenir par leur pratique journalière. — Femmes timides, ne vous laissez donc point effrayer par les clameurs du monde. — Celui que vous nommez avec amour le Père, pour vous affranchir d'une loi morale, décrépite, a-t-il hésité à donner au monde sa parole d'avenir. — Mieux vaut se tromper de route et revenir sur ses pas, que de rester accroupi sur le bord du chemin, glaçant sa vie par l'inaction ; pour moi je ne demande plus aux femmes qu'elles viennent sur un sujet aussi délicat élever discussion contre discussion, et rester inactive devant la pensée idéale de la Mère.

L'avenir est devant nous.

Chacune de nous n'a-t-elle pas son cœur pour comprendre cet avenir ? Et puisque le soleil de notre Dieu, qui est tout amour, éclaire toutes les routes, — marchons ! — Seulement ; ô femmes ! ayez la conscience de votre force, et trouvez au fond de votre cœur cette pensée comme mobile de vos

(*) Voir aux annonces.

actes: *L'influence de la femme pour être religieuse, sublime, doit concourir à l'harmonisation sociale et à la pacification progressive du globe.* Que cette boussole nous guide et nous aide à parcourir des routes nouvelles : grandissons assez pour mériter la reconnaissance du monde entier — que le *siècle*, avant de déposer son nom dans l'urne du temps, voie s'élever en notre honneur le *Panthéon des femmes* — et ces mots gravés en lettres d'or, au milieu du fronton :

A LA FEMME, L'HUMANITÉ RECONNAISSANTE !

SUZANNE.

SUZANNE, *Directrice.*

Imprimerie de Petit, rue du Caire, n. 4.

POUR PARAÎTRE AU 20 MAI 1834,

MA LOI D'AVENIR,

PAR

CLAIRE DÉMAR,

OUVRAGE POSTHUME. PUBLIÉ PAR SUZANNE.

On souscrit pour cette brochure qui sera de 80 à 100 pages d'impression, au bureau de la *Tribune des Femmes*, rue des Juifs, N. 21.

PRIX : 1 FR. 50 C.

La Femme Nouvelle,

TRIBUNE DES FEMMES,

Paraît deux fois par mois, par livraison d'une feuille ou plus.

PRIX POUR PARIS.		PRIX POUR LES DÉPARTEMENS.	
2 fr. 50 c.	pour 3 mois.	3 fr. »	pour 3 mois.
5 »	pour 6 mois.	6 . »	pour 6 mois.
10 »	pour l'année.	12 . »	pour l'année.

Tome premier de LA TRIBUNE DES FEMMES, 1 vol. in-8°, 4 f. et 5 f. par la poste.
Rue des Juifs, N° 21 ; et chez JOHANNEAU, libraire, rue du Coq-St-Honoré.
AFFRANCHIR LETTRES ET ENVOIS.

FOI NOUVELLE — LIVRE DES ACTES, publié par les Femmes.
Prix : 1 fr. par mois.
A Paris, chez Mme Marie Talon, au Cab. de lecture, rue Neuve-du-Luxembourg, n. 28.
LIBERTÉ FEMMES!!! brochure in-8, prix 30 c., par Pol Justus, publié.
A Lyon chez Mme Durval, libraire, place des Célestins.
A Paris, au Bureau de la Tribune des Femmes.
Et chez Johanneau, libraire, rue du Coq-Saint-Honoré.